I0018850

Internetmarketing durch Suchmaschinenoptimierung von Webseiten

Informationen über den Autor:

Jan Siefken, geboren 1971 in Hamburg, ist gelernter Kaufmann im Groß- und Außenhandel. Im Anschluss an die Berufsausbildung studierte er in Lüneburg Betriebswirtschaftslehre mit Schwerpunkt Marketing. Er ist seit 1998 im Internet als Webmaster, Onlineredakteur und Contentmanager tätig und beschäftigt sich zudem insbesondere mit den Themen Suchmaschinenoptimierung, Onlinewerbung und E-Commerce.

Jan Siefken

Internetmarketing durch Suchmaschinenoptimierung von Webseiten

- Mehr Besucher durch Suchmaschinen -

Jan Siefken
Mail: Jan.Siefken@t-online.de

Copyright © 2008 Jan Siefken
Herstellung und Verlag:
Books on Demand GmbH, Norderstedt
ISBN-13: 9783837030617

Bibliografische Information der Deutschen Nationalbibliothek: Die Deutsche Nationalbibliothek verzeichnet diese Publikation in der Deutschen Nationalbibliografie; detaillierte bibliografische Daten sind im Internet über http://dnb.d-nb.de abrufbar.

Das vorliegende Werk ist in all seinen Teilen urheberrechtlich geschützt. Alle Rechte vorbehalten, insbesondere das Recht der Übersetzung, des Vortrags, der Reproduktion, der Vervielfältigung auf fotomechanischem oder anderen Wegen und der Speicherung in elektronischen Medien.

Ungeachtet der Sorgfalt, die auf die Erstellung von Text, Abbildungen und Programmen verwendet wurde, können weder Verlag noch Autor für mögliche Fehler und deren Folgen eine juristische Verantwortung oder irgendeine Haftung übernehmen. Die in diesem Werk wiedergegebenen Gebrauchsnamen, Handelsnamen, Warenbezeichnungen usw. können auch ohne besondere Kennzeichnung Marken sein und als solche den gesetzlichen Bestimmungen unterliegen.

Inhaltsverzeichnis

Vorwort

Mit diesem Buch wird gezeigt, wie mit Suchmaschinenoptimierung von Webseiten bzw. suchmaschinengerechter Gestaltung des Internetangebotes ein erfolgreiches Internetmarketing stattfinden kann.

Da das Medium Internet heutzutage in fast allen Unternehmen eine wichtige Rolle neben der herkömmlichen Marketingkommunikation spielt, präsentieren sich täglich mehr Unternehmen, Organisationen und andere wirtschaftende Einheiten im World Wide Web anhand eigener Homepages. Das Internet wird als weltumspannendes Kommunikations- und Informationsnetz genutzt, um an jedem Ort und zu jeder Zeit mit vorhandenen oder potentiellen neuen Kunden zu kommunizieren. Der Internetuser kann rund um die Uhr jede denkbare Information über die Homepage des jeweiligen Unternehmens abfragen. Das Internet bietet dem Anbieter und dem Nachfrager eines Produktes eine neue Möglichkeit miteinander zu kommunizieren.

Unternehmen investieren viel Zeit und finanzielle Mittel in die Erstellung einer professionellen Homepage zur Präsentation ihrer Produkte. Wie bei einer Fernsehsendung die Einschaltquoten als wesentliche Messgröße für die Erfolgsermittlung dienen, werden bei Webseiten die Zugriffszahlen, also die Besucher einer Seite, als Merkmal für Erfolg oder Misserfolg herangezogen. Eine Internetseite ist nutzlos, wenn sie nicht genügend Besucher aufweisen kann bzw. nicht das Zielpublikum des jeweiligen Unternehmens in ausreichendem Maße anspricht. Ein großer Teil qualifizierten Traffics, also das Erreichen von Seitenaufrufen durch potentielle Kunden, kann durch Suchmaschinen erfolgen. Der Besucherstrom aus den Ergebnisseiten der jeweiligen Suchmaschinen auf eine Webseite ist umso stärker, je höher die entsprechende Webseite im Ranking platziert ist. Die Suchmaschinenoptimierung von Webseiten ist ein neues und effektives Instrument des Internetmarketings, denn ca. 80 Prozent der Internetnutzer benutzen Suchmaschinen, um Webseiten zu finden. Allerdings schauen sich etwa 90 Prozent der Internetnutzer nicht mehr als die ersten 30 Treffer ihres Suchergebnisses an. Um aus der Sicht des Anbieters Suchmaschinen als Marketinginstrument effektiv nutzen zu können, muss die entsprechende Webseite also auf den vorderen Plätzen einer Suchmaschine gefunden werden. Die Verbesserung der Platzierungen von Webseiten in Suchmaschinen kann durch Suchmaschinenoptimierung von Webseiten erreicht werden.

Dieses Buch wendet sich an den Webmaster, der kommerziell oder auch privat eine Homepage betreibt und das Ranking der Webseite in den Suchmaschinen verbessern will. Schritt für Schritt wird auch dem Einsteiger, der sich bisher noch nicht mit der Materie der Suchmaschinenoptimierung befasst hat erklärt, welche Maßnahmen notwendig sind um mit einer Homepage mittelfristig besser in den Suchmaschinen gelistet zu sein.

Jan Siefken
Reinbek, Mai 2008

1. Einleitung

Wie bei jeder anderen Marketing-Maßnahme benötigt man auch bei der Suchmaschinenoptimierung eine vorausgehende Planung. Zuerst sollten Sie klären, welcher Handlungsbedarf für Ihren Internetauftritt besteht. Ist Ihre Seite schon gut in den Suchmaschinen zu finden oder haben Sie zu wenig Besucher über Suchmaschinen? Welche Ziele wollen Sie erreichen? Diese Fragen sollten Sie vorab klären, bevor Sie mit der Optimierung Ihrer Homepage beginnen.

1.1. Problemstellung

Viele Unternehmen versuchen durch eine Internetseite immer noch zu sehr sich selbst zu präsentieren. Es werden zum Teil hohe Budgets für die Erstellung und Betreuung eines Internetauftritts seitens der Geschäftsführung zur Verfügung gestellt. Es reicht allerdings nicht aus, die internen Strukturen eines Betriebes auf einer grafisch aufwendig erstellten Webseite zu präsentieren, sondern auch im Internet müssen die Bedürfnisse des Kunden befriedigt werden. Nachdem eine Homepage ins Netz gestellt wurde, mangelt es häufig an den gewünschten Besucherzahlen. Ohne jegliche Werbemaßnahmen wird kein potentieller Kunde eine Webseite jemals finden. Wie in der Old Economy muss man auch in der New Economy den Nachfrager über das Angebot informieren. So stellt also das Internet nicht nur einen neuen Vertriebsweg dar, sondern eine Webseite eines Unternehmens ist in der Regel ein direktes Angebot an den Nachfrager, und genau für dieses Angebot muss auch geworben werden, damit sich der gewünschte Erfolg (z.B. Kauf eines Produktes über das Internet) einstellt. Für den

Betreiber einer kommerziellen Webseite stellt sich nach der Onlinestellung daher die Frage, wie diese dann erfolgreich beworben werden kann. Bei Werbemaßnahmen im Internet stellt die Suchmaschinenoptimierung eine relativ neue und zugleich kostengünstige Form des Internetmarketings dar. Laut einer Studie benutzen 80 Prozent aller Internetnutzer Suchmaschinen zum Auffinden von Informationen über Unternehmen und über bestimmte Produkte. Für den Anbieter stellt sich das Problem, wie man es erreichen kann, mit den relevanten Suchbegriffen (Keywords) auf den vorderen Plätzen einer Suchmaschine zu erscheinen. Ein Nachfrager soll nach der Eingabe eines Keywords bzw. einer Wortkombination gezielt auf die Seite des Anbieters geleitet werden.

1.2 Zielsetzung

Das wesentliche Ziel der Suchmaschinenoptimierung besteht darin, in den Ergebnisseiten einer Suchmaschine mit der optimierten Webseite bei bestimmten Suchbegriffen oder Wortkombinationen vor den Seiten der Konkurrenz zu erscheinen. Umso häufiger ein Suchbegriff in den Suchmaschinen nachgefragt wird, desto schwieriger wird es sein, mit diesem Begriff eine gute Position in einer Suchmaschine zu belegen. Der Suchbegriff "Hamburg" liefert z.B. bei der Suchmaschine Google 7.070.000 Suchergebnisse , d.h. auf über sieben Millionen erfasster Seiten kommt der Begriff "Hamburg" vor. Die Suchkombination "Immobilien Hamburg" liefert 115.000 Ergebnisse. Bei dieser Wortkombination liegt bereits seitens des Benutzers in Anlehnung an die Marketing-Regel "AIDA" ("Attention, Interest, Desire, Action") eine konkretes Interesse vor. Während bei einer herkömmlichen Onlinewerbemaßnahme, z.B. Schalten eines Werbebanners, erst das Interesse des Betrachters geweckt werden muss, hat der Nutzer einer Suchmaschine durch die Eingabe eines oder mehrerer Begriffe bereits ein konkretes Verlangen bekundet. Von daher handelt es sich bei Besuchern, die über Suchmaschinen eine Internetseite erreichen, um hochwertigen Zieltraffic.

Mit diesem Buch wird gezeigt, wie eine erfolgreiche Marketingkommunikation im Internet zwischen Anbieter und Nachfrager durch Suchmaschinenoptimierung von Webseiten erfolgen kann. Anhand dieses Buches ist es möglich, die relevanten Bewertungskriterien der Suchmaschinen an der eigenen Webseite umzusetzen. Jede Suchmaschine hat einen anderen Such- und Bewertungsalgorithmus, bestimmte Grundprinzipien sind aber häufig gleich. Da die Suchmaschine Google mittlerweile den höchsten globalen Marktanteil aufweisen kann, werden wir uns mit den Optimierungsempfehlungen auf die Suchmaschine Google konzentrieren.

Für eine erfolgreiche Suchmaschinenoptimierung sind Grundkenntnisse in HTML (Hypertext Markup Language) erforderlich. Die meisten Dokumente innerhalb des World Wide Web werden in der Dokument-Beschreibungssprache HTML verfasst. Eine ausführliche Einweisung in die HTML-Programmierung würde den Rahmen dieses Buches sprengen. Alle verwendeten HTML-Bestandteile oder auch sonstige Fachbegriffe werden kurz erläutert, so dass keine Verständnisschwierigkeiten aufkommen dürften.

1.3 Die Technologie "Internet" - Geschichte und wirtschaftliche Bedeutung

Kaum ein anderes Medium hat in den vergangenen zwei Jahrzehnten eine derart große technische Evolution durchlaufen wie das Internet, welches auch als das "Netz der Netze" bezeichnet wird.

Das Internet besteht aus einem Verbund heterogener Netzwerke und einzelner Rechner, die über ein gemeinsames Protokoll, das Transmission Control Protocol / Internet Protocol (TCP/IP) miteinander kommunizieren. Für das Internet wurde bereits in den 60er Jahren der Grundstein gelegt. Es entstand aus dem ARPA-NET (Advanced Research Projects Agency) als Verbund von US-Rechenzentren und Forschungseinrichtungen. Das ARPA-NET diente zunächst rein militärischen Zwecken. Es sollte im Falle eines Krieges wichtige Kommunikationsverbindungen aufrechterhalten, selbst wenn einige Zentralen zerstört würden. Aufgrund immer größerer Ausmaße wurde in den 80er Jahren mit dem MILNET (Military Network) ein zweites Netz eingerichtet. Aus der Zusammenlegung dieser beiden Netze entstand schließlich 1986 das Internet. Über den Zusammenschluss weiterer Computernetzwerke wurde das Internet wenig später weltweit zugänglich.

Im März 1989 wurde im Europäischen Rechenzentrum für Teilchenphysik in Genf (CERN) der Grundstein für das heutige "World Wide Web" gelegt, indem dort ein auf Hypertext basierender Standard namens "HTML" (Hypertext Markup Language) geschaffen wurde. Seit der Entwicklung des Browsers im Jahre 1990 wird das Internet auch im wissenschaftlichen und kommerziellen Bereich genutzt. Ein Browser ist eine spezielle Software, mit der ein Hypertextzugriff und ein Lesen verschiedener Dokumenttypen auf Webseiten ermöglicht wird. Während der erste Browser noch ziemlich schlicht aussah, wurden die folgenden Browser, hauptsächlich aus dem Hause Microsoft und Netscape, immer weiter hinsichtlich Funktionalität (besonders Multimediafähigkeit) und Benutzerführung verbessert.

In den Jahren 1995 bis 1996 wurde das Internet schließlich endgültig kommerzialisiert. Das Internet, welches ursprünglich die US-amerikanischen Kommunikationssysteme gegen die Gefahr eines gegnerischen Atomschlags schützen sollte, entwickelte sich zu einem neuen weltweiten Medium für elektronische Geschäftsprozesse. Das Internet wird heute in fast allen Unternehmensbranchen genutzt und es gibt kein Produkt oder eine Dienstleistung, die sich nicht über das WWW verkaufen bzw. bewerben lässt. Bei der ständig wachsenden Anzahl der Webseiten im Internet steht der User vor dem Problem, die für ihn relevanten Informationen aus einem riesigen, weltweiten Datenbestand herauszufiltern, d.h. der Internet-Nutzer möchte schnell und unkompliziert zum gesuchten Angebot finden. Für den Anbieter einer Internetseite stellt sich also die Frage, wie eine Webseite am effektivsten beworben werden kann, damit der potentielle Kunde auf sein Angebot aufmerksam wird.

2. Wie finden Internet-Nutzer eine Webseite?

Interessant ist natürlich nicht nur, welche Mittel es zum Auffinden einer Webseite gibt, sondern natürlich auch, wie diese genutzt werden.

Doubleclick[1], ein führender Anbieter von Marketing-Tools, hat 2005 eine Studie zur Nutzung von Internet-Suchmaschinen vorgestellt. Die Studie liefert verlässliche Daten zum Einfluss der Suchmaschinen-Nutzung von Konsumenten auf deren Online-Käufe.

Die Studie mit dem Titel "Search Before the Purchase" analysiert die Suchaktivitäten von Verbrauchern, die einem Online-Kauf voran gehen und erstreckt sich über vier Branchen: Bekleidung, Computer, Sport & Fitness sowie Tourismus. Sie weist nach, dass ca. der Hälfte der Online-Käufe eine ausführliche Online-Suche voran geht. Ebenso stellt sie fest, dass die meisten Verbraucher ihre Online-Suche Wochen vor dem Kauf abschließen. Insgesamt nutzten Verbraucher vor ca. jedem zweiten Online-Kauf eine Suchmaschine zur Entscheidungsfindung. Im Falle der Tourismus-Branche nutzten sogar nahezu drei von vier Käufern zuvor eine Suchmaschine. Die Anzahl der Suchvorgänge variiert ebenfalls von Branche zu Branche. Kunden von Sport & Fitness-Websites führten durchschnittlich 2,5 einschlägige Suchvorgänge im Untersuchungszeitraum von zwölf Wochen vor dem Kauf durch. Käufer von Bekleidung führten im selben Zeitraum 4,7 relevante Suchvorgänge durch, Computer-Käufer starteten 4,9 und Reisende 6 Suchvorgänge vor der Buchung.

Zusammenfassend lässt sich sagen, dass dem Kauf eines Produktes über das Internet häufig die Recherche mit einer Suchmaschine vorangeht.

---

[1] Quelle der Studie "Search Before the Purchase": Doubleclick Inc., www.Doubleclick.com/de

3. Zugriffszahlen für Webseiten

Auch beim Internetmarketing sind Controlling-Maßnahmen unumgänglich. Controlling heißt, Störfaktoren frühzeitig aufzuspüren, dem Management bewusst zu machen und zum Handeln zu zwingen. Für Internetabteilungen in Unternehmen dienen Zugriffszahlen als Messgröße, um den Erfolg ihrer Webseite mit Zahlen zu belegen.

3.1 Bedeutung der Zugriffszahlen für das Unternehmen

Zugriffszahlen sind für Angebote, deren Finanzierung hauptsächlich durch Werbung erfolgen soll, äußerst wichtig. Große Internetportale, wie z.b. AOL, bieten Teile ihrer Webseiten als Werbeplatz an. Der Kunde kann in Form von Werbebannern oder Textlinks zielgruppenorientierte Werbung buchen. Ausschlaggebend für den Preis einer Werbekampagne ist der sog. TKP (Tausender Kontaktpreis). Dieser Wert bezeichnet die Kosten für tausend Sichtkontakte bei einer Werbemaßnahme. Im Falle einer Bannerwerbung bedeutet der TKP die Kosten für 1000 Seitenaufrufe. Für einen Anbieter von Werbeflächen ist die Höhe der Zugriffe auf die Webseite, auf der Werbeflächeangeboten werden sollen, von existenzieller Bedeutung. Nur wenn genügend Besucher auf eine Webseite kommen, kann dort auch Werbung verkauft werden. Allerdings ist es nicht nur wichtig, dass möglichst viele Besucher auf eine Webseite kommen, sondern das Ziel sollte vielmehr sein, genau die Besucher auf eine Seite zu bringen, die später auch Vorteile für das Unternehmen bringen. Das gilt natürlich nicht nur für Internetunternehmen, die auf ihren Seiten Werbung verkaufen wollen, sondern für jegliches Angebot im Internet. Auf der

einen Seite ist es also wichtig für ein im Internet vertreten-
des Unternehmen, dass genügend Besucher auf eine Webseite kommen, auf der anderen Seite ist es aber auch von
Vorteil, dass Zielpublikum zum Internetangebot geführt
wird. Durch einen Besucher einer Webseite sollte möglichst
eine positive Handlung, z.B. Kauf einer Ware über das Internet, ausgelöst werden. Im Laufe dieser Arbeit wird später
noch gezeigt werden, wie durch Suchmaschinenoptimierung von Webseiten Zielpublikum erreicht werden kann. Im
Folgenden sollen noch kurz die unterschiedlichen Arten von
Zugriffszahlen für Webseiten erläutert werden.

3.2 Hits

Hierunter versteht man die Anzahl der von einem Webserver abgerufenen Dateien. Hierbei stellt jede abgerufene
Datei einen Hit dar, also neben HTML-Seiten auch Grafiken, Banner, Buttons, etc.

3.3 PageViews / PageImpressions

Dies ist die Anzahl der tatsächlich besuchten Seiten, dabei
werden nur Webseiten mit Inhalt gezählt, d.h. reine Weiterleitungen werden nicht berücksichtigt. Ein PageView entspricht einer komplett vom Webserver abgerufenen HTML-
Seite. Hierbei ist besonders zu berücksichtigen, dass bei
der Verwendung von Frames jedes einzelne Frameset einzeln gezählt wird. Frames unterteilen eine Webseite im einzelne HTML-Seiten, wobei man z.B. in Navigations- und
Inhaltsteil trennen kann.

3.4 AdViews / AdImpressions

Hierunter versteht man die Anzahl der Werbebanner, die einem Besucher gezeigt werden. Durch Speicherung von IP-Nummern versucht man zu verhindern, dass ein Besucher einen Banner mehrmals gezeigt bekommt.

3.5 Visits

Dies ist ein zusammenhängender Besuchsvorgang, d.h. es wird ein Seitenaufruf durch einen Browser auf ein Webangebot gezählt, wobei der Zugriff von außerhalb der betreffenden Webseite erfolgen muss. Jedes Mal, wenn ein Besucher mit einer neuen IP-Adresse die entsprechende Seite besucht, wird ein neuer Visit gezählt. Eine IP-Adresse ist eine weltweit eindeutige 32-Bit-Zahl, die jedem Rechner zugeordnet ist, der an das Internet angeschlossen ist. IP-Adressen werden durch eine zentrale Vergabestelle, dem SRI Network Information Center in Kalifornien verwaltet.

3.6 Rechner / Unique IP

Dies ist die Anzahl der in einem Zeitraum ermittelten Zugriffe von Rechnern mit unterschiedlichen IP-Nummern auf eine Webseite.

Die oben aufgeführten Zahlen können aus den Logfiles der Webserver ausgewertet werden. Zur Auswertung nutzt man spezielle Programme, z.B. AnalogX.

Bei einer Analyse der Zugriffszahlen ist es besonders interessant zu erfahren, wie das Verhältnis zwischen Page-

Views und Visits ist, denn hieraus lassen sich Rückschlüsse auf Verweildauer und Nutzung eines Angebotes schließen. Wenn man bei den statistischen Auswertungen einer Webseite PageViews und Visits miteinander vergleicht, kann man ermitteln, wie viele Maus-Klicks ein einzelner Besucher eines Internetangebotes im Durchschnitt tätigt.

4. Bedeutung, Zweck und Arten von Suchmaschinen

Suchmaschinen führen Suchende und Anbieter von Inhalten und Produkten zusammen, sie haben eine Art Maklerfunktion. Suchmaschinen dienen nicht nur dazu, nach bereitgestellten Informationen über bestimmte Webseiten im Internet zu suchen, sondern stellen mittlerweile ein wichtiges Verbindungsinstrument für den Anbieter und den Nachfrager einer Internetseite dar. Im folgenden Kapitel werden die unterschiedlichen Arten von Suchmaschinen näher dargestellt.

4.1 Die Entstehung von Suchmaschinen

Bereits Mitte der 80er Jahre begannen einige Universitäten in den USA mit der Entwicklung von Bibliothekssuchmaschinen. Hierbei wurden größere Bibliotheken untereinander vernetzt und der Datenbestand konnte online durchsucht werden. Aus der vernetzten Datenstruktur entstanden Ende der 80er Jahre in den USA die ersten Webkataloge, die man als Vorreiter der heute bekannten großen allgemeinen Webkataloge wie Yahoo.com ansehen kann. 1991 entwickelten Paul Lindner und Mark P. McCahill von der University of Minnesota eine Software namens Gopher, mit der es möglich war, Dokumente auf bestimmten Servern zu durchsuchen. Hiermit wurde die erste Suchmaschine geschaffen. Die Gopher Seiten wurden thematisch katalogisiert und der komplette Datenbestand konnte mittels der Software "Veronica" (Very Easy Rodent-Oriented Net-wide Index to Computerized Archives) durchsucht werden. Da es mit Gopher allerdings nicht möglich war nach Bildern und Grafiken zu suchen, verschwand Gopher drei Jahre später von der Bildfläche, um dem multimedial ausgerichtetem World Wide Web zu weichen. Zwischen den Jahren 1994 bis 1996 kam es zu einem überproportionalen Anstieg der weltweiten Webseiten.

Mit der starken Vergrößerung des Internets wurde es immer schwieriger, relevante Informationen auf den entsprechenden Webseiten mit einem akzeptablen Zeitaufwand zu finden. So entstand 1994 mit WebCrawler die erste Suchmaschine, welche damals noch als Universitätsprojekt geführt wurde. Mit dem Auftauchen immer neuerer Suchmaschinen entstanden wenig später auch die ersten Webverzeichnisse (Webkataloge). Der erste und gleichzeitig auch heute noch bekannteste Webkatalog ist Yahoo. Heute beschäftigt Yahoo weltweit 14.300 Mitarbeiter, hat tägliche Zugriffe von durchschnittlich 810 Millionen PageImpressions[2] und hat einen Börsenwert von ca. 38 Milliarden US-Dollar[3].

---

[2]

http://de.media.yahoo.com/werben_mit_yahoo/nutzerprofil/reichweite.html
[3]

http://www.welt.de/wams_print/article1896375/Medienkonzerne_drngen_ins_Netz.html

4.2 Verzeichnisbasierende Suchmaschinen (Webkataloge)

Webkataloge sind manuell erstellte Suchmaschinen, die nach dem Katalogprinzip arbeiten. Die Einträge werden von einer Redaktion per Hand vorgenommen, wobei die einzutragende Internetseite besucht wird und nach bestimmten Kriterien, z.B. Titel, Beschreibung, Branche, beurteilt wird. Im Normalfall durchsuchen die Redakteure das Internet zu ca. 20 Prozent manuell nach neuen qualitativ hochwertigen Seiten, die in das Verzeichnis aufgenommen werden sollen. Zu ca. 80 Prozent laufen die Anmeldungen in einer Datenbank auf, die dann in der Reihenfolge des Einganges abgearbeitet werden.

Die Redakteure entscheiden im Regelfall persönlich, ob die jeweilige Seite in den Datenbestand aufgenommen wird oder nicht. Entscheidend für die Aufnahme oder Nichtaufnahme in das Verzeichnis ist in erster Linie die Qualität der Seite, d.h. der Besucher sollte einen gewissen Mehrwert vorfinden. Nachdem eine Seite in den Datenbestand eines Webkataloges aufgenommen wurde, wird sie nach dem nächsten Update des Index im Verzeichnis sowie in der internen Suchmaschine erscheinen. Bei einer internen Suchmaschine, die bei den meisten bekannten größeren Webkatalogen verwendet wird, wird der interne Datenbestand des Kataloges ausgewertet und bei der Eingabe eines Suchbegriffes werden in der Reihenfolge der Relevanz auf der Suchergebnisseite die im Webkatalog eingetragenen Seiten angezeigt. Neben der internen Katalog-Suchmaschine bieten viele Webkataloge zusätzlich noch die Möglichkeit an, auf externen Suchmaschinen zu suchen. Ein Webkatalog ist somit eine Kreuzung aus Suchmaschine und Verzeichnis.

4.2.1 Wichtige deutsche Webkataloge

Hier finden Sie eine kurze Auflistung der wichtigsten deutschen Webkataloge:

Allesklar.de - ist ein allgemeines Verzeichnis mit guter Benutzerführung. Laut eigenen Angaben der größte Webkatalog in Deutschland und Europa.

URL: http://www.allesklar.de

Bellnet.de - Bereits seit 1995 gibt es den Katalog Bellnet, der mit über 450.000 Einträgen einen recht umfangreichen Datenbestand aufweisen kann.

URL: http://www.bellnet.de

dmoz.de - Open Directory Project - Wird von Google als Verzeichnis benutzt. Ist weltweit der größte manuell editierte Webkatalog. Ein Eintrag ist auf jeden Fall sinnvoll, dauert aber sehr lange, weil die meisten Editoren ehrenamtlich arbeiten. Außerdem herrschen sehr strenge Aufnahmekriterien. Ein Eintrag kann unter Umständen viele Monate dauern.

URL: http://www.dmoz.de

Sharelook.de ist eines der großen europäischen Internet-Verzeichnisse, betreibt mittlerweile Web-Kataloge in Deutschland, Österreich, Belgien, Frankreich, Italien, Liechtenstein, Ungarn und der Schweiz.

URL: http://www.sharelook.de

4.3 Roboterbasierende Suchmaschinen

Bei roboterbasierenden Suchmaschinen kommt eine spezielle serverbasierende Software (die Suchmaschinensoftware wird Spider, Crawler oder Robots genannt) zum Einsatz, mit der das Internet bzw. bestimmte Teile davon systematisch nach Dokumenten durchsucht wird. Dabei haben die Robots nichts mit den Namenskollegen in einer Automobilfabrik zu tun, sondern es handelt sich vielmehr um Software-Scripte, die auf einem Server laufen und selbständig Daten von anderen Rechnern im Netz abfragen. Die Robots werden häufig auch als Spider bezeichnet, weil sie sich wie eine Spinne netzartig durch das Internet bewegen.

Aus der Sicht des Nutzers besteht ein wesentlicher Vorteil bei der Verwendung von Suchmaschinen zum Recherchieren von Dokumenten im Internet gegenüber Webkatalogen darin, dass die Zahl der erfassten Dokumente wesentlich höher und der Datenbestand zudem aktueller ist.

Bei einer Suchmaschine geschieht die Datenaufnahme durch einen Robot, der aus durchsuchten Daten im Internet, also aus den gespiderten Webseiten einen Index mittels einer Indizierungssoftware erstellt. Mit der Indexdatei werden die Schlüssel der Datensätze und die dazugehörigen Adressen der Datensätze in einer Datenbank gespeichert. Durch ein Suchprogramm, welches der Nutzer über ein Userinterface (Eingabemaske) abfragen kann, wird die Verbindung zur Datenbank hergestellt und nach Eingabe eines oder mehrerer Stichwörter werden die abgespeicherten Adressen (Webseiten) in der Suchergebnisliste angezeigt. Um die Suche weiter einzugrenzen, sind bei den meisten Suchmaschinen die sog. Booleschen Operatoren möglich. Hierbei schränken z.B. die Operatoren "and", "or", "not", die Suchergebnisse ein. Die meisten Suchmaschinen besitzen einen eigenen Suchalgorithmus. Hierunter versteht man die Bewertung und Gewichtung der einzelnen indexierten Seiten bei der Ausgabe der Suchergebnisse. Die grundlegenden Bewertungskriterien (Ranking) sind aber bei den meisten Suchmaschinen ähnlich.

4.3.1 Die meist genutzten Suchmaschinen

Sehen Sie hier eine Statistik des Counters "Webhits"[4] über den Zeitraum Mai 2008 über die Nutzung von Suchmaschinen in Deutschland:

Suchmaschine	%
Google	89,90
Yahoo	3,00
T-Online	2,00
MSN Live Search	1,70
AOL Suche	0,90
ask.com	0,40
Allesklar.de	0,20
suche.freenet.de	0,20
Altavista	0,20
search.com	0,20
Web.de	0,10
Lycos	0,10
Metager	0,10
Restliche	1,00

---

[4] Quelle: http://www.webhits.de/deutsch/index.shtml?webstats.html - Verteilung unter 43.900 verwendeten Suchergebnissen.

4.4 Metasuchmaschinen

Metasuchmaschinen fragen die Datenbanken mehrerer Suchmaschinen gleichzeitig ab, womit ein wesentlich größerer Datenbestand durchsucht wird als bei der Abfrage von nur einer Suchmaschine. Metasuchmaschinen dienen daher als eine sinnvolle Ergänzung zur Abfrage von einzelnen Suchmaschinen. Eine der am meisten genutzten Metasuchmaschinen für den deutschsprachigen Raum ist Meta-Ger (http://meta.rrzn.uni-hannover.de), welche von der Universität Hannover betrieben wird. Metasuchmaschinen besitzen zwar keinen eigenen Datenbestand, aber für die Suchmaschinenoptimierung haben Metasuchmaschinen die Bedeutung, dass es wichtig ist, in den Datenbanken zu verzeichnet zu sein, welche die Metasuchmaschinen abfragen.

5. Suchmaschinenoptimierung von Webseiten

Die folgenden Kapitel haben das Ziel, eine Suchmaschinenoptimierung für Webseiten Schritt für Schritt zu erläutern und zu zeigen wie es möglich ist, den Bekanntheitsgrad der eigenen Internetseite durch eine effiziente Suchmaschinenoptimierung zu erhöhen und um dadurch mit den Internetnutzern in Kommunikation zu treten.

5.1 Sinn der Suchmaschinenoptimierung

Unternehmen, Institutionen oder auch Privatpersonen, die Informationen im Internet bereitstellen, werden auf ihrer Webseite weniger Zugriffe haben, wenn sie nicht in Suchmaschinen eingetragen sind bzw. nicht in den vorderen Positionen der Suchergebnisse erscheinen.

Bei einer Studie wurde festgestellt, dass rund 80 Prozent der Nutzer Suchdienste befragen und weniger als ein Fünftel der Surfer über die zweite Ergebnisseite hinausgehen. Weiterhin ergab die Studie, dass die Klickrate bei einer herkömmlichen Bannerwerbung immer weiter zurückgeht. Allerdings wurde der Niedergang der Klickrate bei Werbebannern schon Mitte der 90er Jahre festgestellt. Als die Form der Bannerwerbung 1994 von Hotwired bekanntgemacht wurde, lag die durchschnittliche Klickrate noch bei ca. 10 Prozent. 1995 wurden nur noch durchschnittliche Klickraten von 2 - 3 Prozent erzielt und im Jahre 2001 erreichten Banner nur noch die geringe Klickrate von ca. 0,6 Prozent.

Werbebanner sind zwar auch heute noch ein wichtiges und häufig eingesetztes Werbemittel im Internet, da aber die Effektivität bei einer Bannerschaltung immer mehr sinkt, werden mittlerweile innovative Maßnahmen beim Internetmarketing verwendet. Ein wichtiges Mittel, um den qualifizierten Traffic auf einer Internetseite zu steigern, ist dabei die Suchmaschinenoptimierung, von professionellen Marketing-Dienstleistern auch "Rankingservice" genannt. Beim Rankingservice ist es das Ziel, die Kunden in den Suchmaschinen nach vorne zu bringen. Dadurch steigt die Wahrscheinlichkeit gefunden zu werden.

Suchmaschinenoptimierung kann entweder von dem Betreiber der im Internet angebotenen Webseite selbst durchgeführt werden, oder aber man beauftragt dazu einen externen Experten. Auf den folgenden Seiten sollen die Grundlagen einer Suchmaschinenoptimierung gezeigt werden, wonach es jedem Webmaster auch mit geringen Vorkenntnissen möglich sein sollte, diese selbst durchzuführen.

5.2 Planungsprozess der Suchmaschinen-optimierung

Wie jede andere Marketingmaßnahme, sollte auch die Optimierung einer Webseite für Suchmaschinen sorgfältig geplant werden, damit sich der gewünschte Erfolg einstellt. Eine Suchmaschinenoptimierung für Webseiten sollte als ein fortlaufender dynamischer Marketingprozess verstanden werden.

Zuerst muss geklärt werden, was man mit der Webseite erreichen will, d.h. die Ziele müssen definiert werden. Nicht immer sind möglichst viele Besucher auf einer Webseite erwünscht. Ein Content-Anbieter, der beispielsweise vom Verkauf von Bildern lebt und zahlreiche Bilddateien zur Vorschau ins Netz stellt, erhält beim Download viel Traffic auf seinem Server. Bei den meisten Webhostern ist es so, dass eine gewisse Bandbreite an Downloadtraffic frei zur Verfügung steht und was darüber hinaus geht, muss vom Webmaster bezahlt werden. "Downloadtraffic" beinhaltet den Datenverkehr, der durch die User und deren Zugriff auf die Website über HTTP entsteht, darunter sind die Anforderungen sämtlicher Dateien, also Bilder, HTML-Seiten, Banner, zu verstehen.

Mögliche Zielsetzungen beim Betrieb einer Webseite:

Zielsetzung	Indikatoren	Geschäftsmodell
viele Besucher	Anzahl Page-Views	werbefinanziert
viele qualifizierte Besucher	Anzahl Page-Views/Visits, ausgefüllte Formulare	verkaufsorientiert (Online-Shop)
fachliche Reputation erlangen/verbessern	Anzahl fachlicher Anfragen, Anzahl von Erwähnungen in einschlägigen fachlichen Publikationen	Verkauf von Dienstleistungen
Offline-Support entlasten	Anzahl der Supportanfragen im Web	Einsparung von Supportaufwendungen

Die Tabelle zeigt mögliche Zielsetzungen von Webseiten. Es wird deutlich, dass die Ziele von Webangeboten recht verschieden sein können. Es ist vor jeder Optimierungsmaßnahme wichtig, den Besucherverkehr so zu steuern, dass auf der einen Seite genau die Zielgruppe angesprochen wird, und auf der anderen Seite aber auch die Ressourcen für das Unternehmen nicht aufgezehrt werden.

Wenn die wesentlichen Ziele der Webseite ermittelt sind, sollte festgelegt werden, welche Zielgruppe mit dem Internetauftritt angesprochen werden soll. Mögliche Kriterien für die Auswahl einer Zielgruppe gibt es viele und diese hängen mit dem Aufbau und der Art der Webseite zusammen. Der Sinn einer Selektion und Eingrenzung möglicher Kunden ist es, den Wirkungsgrad der Werbung zu optimieren und Streuverluste zu minimieren. Folgende Fragen können helfen, die Zielgruppe genauer einzugrenzen, wobei man sich auch bei der Suchmaschinenoptimierung der klassischen Methoden der Marktforschung bedient, d.h. man sammelt Informationen über Märkte und Kunden und analysiert die gewonnenen Daten im Zusammenhang mit dem Marketing dieser Produkte.

- Sollen eher private oder geschäftliche Nutzer angesprochen werden?
- Wie erfahren sind die Kunden, die angesprochen werden sollen, im Umgang mit dem Internet?
- Welche Internetbranche (z.B. Shopping, News, Bildung, Reisen, usw.) soll mit der Webseite angesprochen werden?
- Wie sind die Surfgewohnheiten der potentiellen Kunden?
- Welche demographischen, psychographischen und geographischen Merkmale liegen vor?

5.2.1 Die richtigen Begriffe auswählen

Dieser Aufgabe kommt bei der Suchmaschinenoptimierung eine besondere Bedeutung zu. Es ist immer nur möglich, eine Seite für einzelne Begriffe oder für eine Kombination von Suchgriffen zu optimieren. Um die geeigneten Suchbegriffe für eine Internetpräsenz zu finden, bedarf es einer besonders gründlichen und intensiven Analyse. Folgende Schritte können helfen, geeignete Suchbegriffe für eine Webseite zu finden:

1. Man sammelt sämtliche Begriffe und Wortassoziationen, welche die Themen der Webseite bzw. die angeboten Produkte und Dienstleistungen charakterisieren. Dabei spielen neben einzelnen Begriffen auch Wortkombinationen eine wichtige Rolle.

2. Thematisch ähnliche Webseiten, also die Seiten der Konkurrenz, sollten im Hinblick auf die dort verwendeten Begriffe analysiert werden.

3. Sog. Keyword-Datenbanken geben darüber Auskunft, wie häufig ein Begriff in den gängigen Suchmaschinen genutzt wird. Außerdem werden häufig genutzte Wortkombinationen aufgezeigt. Der Keywordgenerator von Google Adwords[5] kann beispielsweise zur Entscheidungsfindung der geeigneten Suchbegriffe genutzt werden.

4. Die Nutzung alternativer Schreibweisen sollte bei der Festlegung der Suchbegriffe berücksichtigt werden. Es schreiben beispielsweise immerhin 15 Prozent der Benutzer von Suchdiensten das Wort "Suchmaschinen" mit "ie" und ca. 5 Prozent vergessen beim Wort "Immobilien" das zweite "m". Außerdem sollten die jeweiligen Suchbegriffe sowohl in der alten deutschen Rechtschreibung, als auch in der neuen deutschen Rechtschreibung verwendet werden. So darf das Wort "Delphin" nach der neuen deutschen Rechtschreibung z.B. auch als "Delfin" geschrieben werden.

5. Nachdem man eine Reihe von Keywords gefunden hat, sollte man damit eine Liste erstellen und dann alle Begriffe entfernen, die von der Zielgruppe vermutlich nicht genutzt

---

[5] https://adwords.google.com/select/KeywordToolExternal

werden. Dazu kann man auch Freunde und Bekannte befragen, um sich ein unabhängiges Urteil zu bilden.

5.2.2 Die Auswahl einer passenden Domain

Da bei den meisten Suchmaschinen der Name der URL bei der Bewertung eine Rolle spielt, muss dies bei den Optimierungsversuchen berücksichtigt werden. Bei der Namensvergabe des Internetauftritts sollten möglichst die wichtigsten Keywords in der URL vorkommen. Sofern die gewünschte DE-Domain schon vergeben sein sollte, kann man stattdessen auch auf eine andere internationale Top-Level-Domain ausweichen. Auf der Seite von "The Internet Assigned Numbers Authority"[6] sind alle länderspezifischen Domainendungen verzeichnet.

Beispiel:

Ein in Hamburg ansässiger Immobilienmakler, der noch keine Domain besitzt, möchte unter den Suchbegriffen "Hamburg" und "Immobilien" gefunden werden. Eine Recherche ergibt, dass die Domain "immobilien-hamburg.de" leider schon vergeben ist, ebenso die Wortkombination "hamburg-immobilien.de". Die Domain "immobilien-hamburg.ag" wäre aber z.B. noch zu haben. Außerdem besteht die Möglichkeit, einen Zusatz wie z.B. "Online" oder "Web" zu verwenden (Immobilien-Hamburg-Online u.ä.). Neben der Verwendung von einer Domain mit relevanten Keywords ist es auch möglich, eine Webseite so zu strukturieren, dass in den Verzeichnisnamen und den Dateinamen die für den jeweiligen Webauftritt wichtigen Suchbegriffe vorkommen. Der im obigen Beispiel genannte Immobilien-

---

[6] http://www.iana.org/domains/root/db/

makler könnte für seinen Internetauftritt z.B. folgende Pfad- und Dateinamen verwenden:

http://www.Domain/Immobilien-Hamburg/index.html
http://www.Domain/Immobilien-Hamburg.html

5.2.3 Markenschutz beachten

Bei der Registrierung einer Domain sollte man unbedingt darauf achten, dass man keine fremden Marken- oder Firmenbezeichnungen im Namen der Domain und auch später nicht auf der Webseite ohne ausdrückliche Erlaubnis verwendet. Ansonsten kann es zu einem Rechtsstreit wegen Markenrechtsverletzung oder wegen unlauteren Wettbewerbs kommen. Bei Unsicherheit ist es ratsam, einen Fachanwalt zu Rate zu ziehen, der sich mit Domain- und Markenrecht auskennt. Außerdem gibt es im Internet sog. Markenrecherche-Dienste, die man mit der Domainprüfung beauftragen kann.

Im Rechts- und Verfahrensstandsregister DPINFO[7] können Sie nach deutschen Marken recherchieren. Die Datenbank enthält angemeldete, eingetragene und zurückgewiesene nationale deutsche Marken. Umfangreiche Recherchemöglichkeiten nach eingetragenen deutschen Marken und Gemeinschaftsmarken stehen Ihnen auch in der Datenbank DPMApublikationen[8] zur Verfügung. In den Datenbanken DPINFO und DPMApublikationen können Sie kostenfrei recherchieren.

---

[7] https://dpinfo.dpma.de
[8] http://publikationen.dpma.de

5.3 Die Optimale Gestaltung von Webseiten

In diesem Abschnitt wird die optimale, suchmaschinengerechte Strukturierung einer Webseite beschrieben. Die
meisten Suchmaschinenanbieter bewerten eine Webseite
nach einem speziellen eigenen Suchalgorithmus, die grundlegenden Bewertungskriterien sind aber meistens sehr ähnlich.

5.3.1 Anwendung und Erläuterung von Meta-tags

Metatags sind Anweisungen, die von Suchmaschinen zur
Analyse der Homepage benutzt werden. Man kann sie als
Stichwortindex und als Inhaltsangabe bezeichnen und sie
funktionieren nicht bei manuell erstellten Verzeichnissen,
sondern nur bei richtigen Suchmaschinen. Metatags sind
nicht der Schlüssel zum Erfolg einer Webseite und eine
Suchmaschinenoptimierung besteht auch nicht nur aus
dem Einsatz von Metags. Da aber schätzungsweise nur
jede dritte kommerzielle Webseite Metatags verwendet, ist
eine Verwendung durchaus sinnvoll, um die Auffindbarkeit
einer Seite in Suchmaschinen zu erhöhen. Allerdings werden Metatags auch nicht von jeder Suchmaschine berücksichtigt. Die Suchmaschine Google zieht die Metatagsan-
weisungen im Übrigen nicht in die Bewertung von Webseiten ein. Allerdings wird, falls auf der Homepage vorhanden,
auch bei Google der Metatag "Description" (Beschreibung)
auf der Suchergebnisseite angezeigt. Ein gut gewählter
Beschreibungstext, kann auch bei Google die Klickrate auf
die Webseite erhöhen. Wie Google Webseiten bewertet
wird in Kapitel 6 ausführlich beschrieben. Metatags können

manuell oder mit Hilfe eines Metatag-Generators[9] erstellt werden.

Die erstellten Metatags werden in der Head Section (<head> .... </head>) eines HTML-Dokumentes eingefügt. Für einige nachfolgend erwähnten Anweisungen zur Suchmaschinenoptimierung ist es notwendig, die zu optimierende Seite in einem HTML-Editor zu öffnen. Im Internet werden verschiedene Editoren kostenlos zum Download angeboten. Es ist ratsam einen speziellen HTML-Editor zu verwenden, da mit normaler Textverarbeitung (z.B. Microsoft Word), einige HTML-Befehle durch Autoformat verloren gehen können. Außerdem beinhalten HTML-Editoren zahlreiche Zusatzfunktionen, die den Umgang mit HTML erleichtern. An dieser Stelle sei exemplarisch auf den HTML-Editor "Phase5" verwiesen, der im Internet unter der Adresse "http://www.phase5.info" (Stand: 29.04.2008) kostenlos für Schulen und Privatanwender zum Download angeboten wird. Der Editor bietet alle Funktionen eines professionellen Quelltext-Editors, wobei bestimmte HTML-Befehle komfortabel über Buttons und Symbole eingefügt werden können.

Im Folgenden werden die wichtigsten Metatags kurz erläutert:

5.3.1.2 title

<title>Hier steht der Seitentitel einer Webseite</title>

Der Titel-Tag zeigt den Seitentitel einer Internetseite im Browser an. Der Titel ist streng genommen eigentlich kein

---

[9] Einen kostenlosen Metatag-Generator finden Sie z.B. unter http://www.jan-siefken.de/meta.html

Metatag, wird aber häufig damit suggeriert. Im Titel der Webseite sollten die wichtigsten Suchbegriffe untergebracht werden, Floskeln wie "Willkommen auf unserer Homepage" sollte man unbedingt vermeiden. Es stehen für den Titel maximal 70 Zeichen zur Verfügung, wobei Leerzeichen mit gezählt werden.

5.3.1.3 description

<meta name="description" content="Hier steht die Beschreibung der Webseite.">

Im Sektor "Description" sollte eine kurze, prägnante Beschreibung der Internetseite stehen. Dabei ist es ratsam, in vollständigen Sätzen zu schreiben, in denen die wichtigsten Stichwörter vorkommen. Für die Ausfüllung der Description stehen ca. 255 Zeichen zur Verfügung.

5.3.1.4 keywords

<meta name="keywords" content="Begriff 1, Begriff 2, Begriff 3, Begriff 4, ...">

Keywords sind die Schlüsselwörter im Dokument. Getrennt werden die einzelnen Keywords durch Kommata, es ist auch erlaubt mehrere Wörter als ein Keyword hintereinander zu schreiben. Vermeiden sollte man es Wörter anzugeben, die zwar interessante Dinge beschreiben, mit dem Inhalt der Homepage aber nichts zu tun haben, weil so etwas als "Spam" von den Suchmaschinen geahndet werden kann. Das gilt ebenso für eine mehrfache Aneinanderreihung von gleichen Keywords. Die wichtigsten Keywords sollten am Anfang der Seite stehen, weil diese Positionen am stärksten von den Suchmaschinen bewertet werden. Dabei ist es sinnvoll, bei den Begriffen Singular und Plural zu gebrauchen, da ein Benutzer von Suchmaschinen, der z.B. nach dem Wort "Buch" sucht, eventuell zusätzlich auch die Pluralform "Bücher" eingeben wird.

5.3.1.5 sonstige Metatags

Neben den bekanntesten Metatags "description" und "keywords" gibt es noch weitere Metatags, die für einige Suchmaschinen von Bedeutung sind.

<meta name="robots" content="index,follow">

Dieser Befehl weist den Robot einer Suchmaschine an, die Seite zu indexieren und sämtlichen Verlinkungen auf der Seite zu folgen. Im Umkehrschluss bedeutet der Befehl <meta name="robots" content="noindex,nofollow">, dass die Seite nicht gespidert und die Verlinkungen nicht verfolgt werden sollen. Der Grund für die Nichtindexierung einer Seite könnte z.B. sein, dass der Name und die Anschrift des Webmasters im Impressum nicht gefunden werden soll.

<meta name="revisit-after" content="3 days">

Hier soll der Robot einer Suchmaschine angewiesen werden, die Seite erneut nach 3 Tagen die entsprechende Seite zu besuchen. Die meisten Robots halten sich allerdings wegen Überlastung nicht an diesen Metatag, so dass er weniger von Bedeutung ist.

<meta http-equiv="Content-language" content="de">

Dieser Befehl gibt die Sprache der Webseite an, in der diese verfasst ist. Diese Anweisung kann von Bedeutung sein, da einige deutsche Suchmaschinen explizit nur deutschsprachige Seiten aufnehmen. Wenn der Anteil von Fremdwörtern bei einer Seite zu hoch ist, z.B. bei wissenschaftlichen Aufsätzen, kann es sein, dass auch "de-Domains" von der Aufnahme in den Suchindex ausgeschlossen werden. Durch den Befehl "Content-language" kann man die Suchmaschine davon überzeugen, dass die entsprechende Webseite in Deutsch verfasst ist.

<meta name="author" content="Firma XYZ">
<meta name="publisher" content=" Firma XYZ">
<meta name="copyright" content="Firma XYZ">
<meta name="organization" content="Firma XYZ">

Mit den Metatags "author", "publisher", "copyright", "organization" können Angaben zum Autor, zum Herausgeber, zum Urheberrecht und zur Organisation (Firma, Institution) der Webseite gemacht werden. Da diese Metatags insbesondere von der deutschen Suchmaschine Fireball ausgewertet werden, kann die Verwendung vorteilhaft sein, da man in diesen Sektoren zusätzlich ein paar Stichwörter unterbringen kann.

<META HTTP-EQUIV=Refresh CONTENT="10;
URL=http://www.meineDomain.de">

Dieser Befehl leitet nach einer bestimmten Zeit, in diesem Falle nach 10 Sekunden auf eine andere Webseite um. Die meisten Suchmaschinen entfernen bei Verwendung dieses Befehls die weiterleitende URL aus dem Suchindex und nehmen, wenn überhaupt, nur die Ziel-Url auf. Grund dafür ist, dass dieser Befehl in der Vergangenheit häufig als Spamming-Methode missbraucht worden ist, d.h. diverse Domains wurden nur zu dem Zweck registriert, um auf eine andere Seite umzuleiten.

Wenn aus individuellen Gründen eine Weiterleitung jedoch unverzichtbar ist, sollte man statt des Refresh-Tags eine Weiterleitung mit htaccess redirect oder mit PHP verwenden.

5.3.1.6 Weiterleitungen auf eine neue Seite

PHP-Weiterleitung

```
<?php
header("Status: 301 Moved Permanently");
header("Location:neue URL");
exit;
?>
```

Diesen PHP-Code binden Sie in der ersten Zeile der umzuleitenden PHP-Seite ein.

htaccess-Weiterleitung mit redirect

Legen Sie in dem Verzeichnis, welches umgeleitet werden soll, eine htaccess Datei mit folgendem Inhalt an:

```
Redirect permanent /Unterseite/
http://www.neueseite.de/Unterseite/
```

Die oben genannten Weiterleitungen sind nur erforderlich, wenn sich die URL einer Seite nachträglich geändert hat und Sie die Besucher auf die neue URL umleiten wollen, damit Ihnen keine Besucher verloren gehen.

Grundsätzlich gilt:

Überlegen Sie sich bei Ihrer Homepage, bevor Sie mit dem Projekt online gehen, sehr genau die Verzeichnisstruktur, die Sie verwenden wollen. Nachträgliche Änderungen sind oftmals mit Besucherverlust verbunden.

5.3.2 Gestaltung des Body-Bereichs

In diesem Abschnitt wird erläutert, wie der Body-Bereich, welcher den Kern einer jeden Internetseite darstellt, suchmaschinengerecht gestaltet werden kann. Im Body wird der sichtbare Inhalt einer HTML-Seite dargestellt.

```
<!DOCTYPE HTML PUBLIC "-//W3C//DTD HTML 4.01
Transitional//EN"
    "http://www.w3.org/TR/html4/loose.dtd">
<html>
<head>
<title>Titel der Webseite</title>
</head>
<body>
Hier steht der sichtbare Inhalt einer HTML-Seite (Con-
tent)
</body>
</html>
```

Das Grundgerüst einer HTML-Seite

Nach dem der Spider einer Suchmaschine die URL, den Titel und die Metatags einer Webseite ausgewertet hat, werden die Informationen des Body-Bereichs analysiert. Der Gestaltung des Body kommt bei der Durchführung einer Suchmaschinenoptimierung eine wichtige Bedeutung zu, denn hier wird der für den User und für die Robots einer Suchmaschine sichtbare Inhalt angezeigt. Eine suchmaschinengerechte Gestaltung einer Webseite sollte in Hinsicht auf die Gestaltung des Bodys unter Zusammenarbeit des beauftragen Suchmaschinenoptimierers, der Marketingabteilung, sowie dem Webdesign des Unternehmens erfolgen. Es sollte dabei ein Kompromiss zwischen suchmaschinengerechter Gestaltung und userfreundlichem Erscheinungsbild der Webseite geschlossen werden.

5.3.2.1 Keyworddichte und Textposition

Um Werbebotschaften bei einem Fernsehspot an die Zuschauer zu übermitteln, bedient man sich der häufigen Wiederholung von bestimmten Wörtern. In den Werbespots für Produkte aus dem Hause Rafaello wird z.B. das Adjektiv "leicht" mehrfach wiederholt, damit sich die beworbene Süßigkeit in den Köpfen der Zuschauer als unbeschwerter

Genuss eines eigentlich weniger leichten Produktes einprägt. Weil die meisten Zuschauer erst überzeugt werden müssen und meistens auch nur mit einem Ohr bei der Sache sind, erhofft man sich, dass sich durch häufiges Nennen des Wortes ein Lerneffekt einstellt. Suchmaschinen können hingegen nicht denken, sondern nur rechnen. Wenn ein Wort mit einer höheren Dichte im Text auftaucht, dann ist das Dokument für sie relevant. Für eine Optimierung des Bodys eines HTML-Dokumentes sollten die für das jeweilige Unternehmen relevanten Suchbegriffe mehrfach, aber auch nicht zu häufig wiederholt werden. Aus dem Verhältnis der Häufigkeit eines bestimmten Keywords zur Anzahl der übrigen Wörter ergibt sich die sog. Keyworddichte. Ein zu optimierender Suchbegriff sollte im Verhältnis von 1 - 7 Prozent zum übrigen Text stehen. Neben der Keyworddichte ist auch die Position innerhalb des Textes wichtig. Text, der im oberen Drittel der Seite auftaucht, wird vom Spider einer Suchmaschine besonders stark gewichtet. Es ist daher ratsam, im oberen Drittel die wichtigsten Suchbegriffe zu erwähnen, d.h. die ersten Zeilen einer Seite müssen sinnvoll mit relevantem Text gefüllt werden. Einleitungssätze, wie z.B. "Herzlich willkommen auf Manfreds Homepage" oder dergleichen sind nutzlos, da durch solche Floskeln unnötig wichtiger Platz verschwendet wird. Wenn

Sie Tabellen verwenden, dann ist zu beachten, dass Tabellen auf der linken Spalte im Quelltext weiter oben stehen, als Tabellen auf der rechten Seite.

1. Kopfbereich der Homepage (Head)		
2. Tabelle linke Spalte	3. Hauptinhalt	4. Tabelle rechte Spalte
5. Fußbereich der Homepage (footer)		

Webseite mit einem dreispaltigen Layout.

Den HTML-Quelltext der Homepage würde der Spider einer Suchmaschine in folgender Reihenfolge lesen:

1. Kopfbereich
2. linke Tabellen-Spalte
3. Hauptinhalt, Tabelle Mitte
4. rechte Tabellen Spalte
5. Fußbereich der Homepage

Ihre wichtigsten Suchbegriffe sollten Sie in Textform dort unterbringen, wo der Suchmaschinenspider sie zuerst liest, also möglichst weit oben im HTML-Quelltext.

5.3.2.2 Textformen

Überschriften (H1 - H6)

Überschriften spielten im Ur-HTML, welche als Auszeich-nungssprache konzipiert war, eine wichtige Rolle. Auch heute bewerten viele Suchmaschinen Text, der in einer Überschrift auftaucht, besonders stark.

HTML unterscheidet 6 Überschriftenebenen, um Hierar-chieverhältnisse in Dokumenten abzubilden:

Überschriften in erster bis sechster Ebene:

```
<html>
<head>
<title>Hier steht der Titel der Seite</title>
</head>
<body>
<h1>Überschrift 1. Ordnung</h1>
<h2>Überschrift 2. Ordnung</h2>
<h3>Überschrift 3. Ordnung</h3>
<h4>Überschrift 4. Ordnung</h4>
<h5>Überschrift 5. Ordnung</h5>
<h6>Überschrift 6. Ordnung</h6>
</body>
</html>
```

<h[1-6]> (h = heading = Überschrift) leitet eine Überschrift ein, </h[1-6]> beendet die Überschrift.

Fettschrift

Fett formatierter Text wird mit <b> eingeleitet und mit </b> abgeschlossen.

<b>Hier steht der fett formatierte Text</b>

Statt mit **<b></b>** können Sie den Text auch fett markieren mit **<strong></strong>**

Tipp:
Um den Body-Bereich einer HTML-Seite optimal für Such-maschinen zu gestalten, ist es sinnvoll, gleich zu Anfang der Seite die wichtigsten Suchbegriffe in Überschriften und Fettschrift zu definieren.

5.3.2.3 Probleme bei Frames

Einige Webseiten verwenden auch heute noch Frames als Navigationselement für HTML-Dokumente. Die meisten Suchmaschinenspider durchsuchen allerdings nur die Hauptseite, auf der das Frameset definiert ist, d.h. Untersei-ten werden nicht indexiert. Dazu kommt, dass im Frameset kein verwertbarer Text zu finden ist. Es empfiehlt sich daher, an Stelle von Frames Tabellen zur Navigation der Webseite zu verwenden. Wenn aus bestimmten Gründen allerdings dennoch Frames zum Einsatz kommen sollen, dann sollte man einen sog. Noframes-Bereich im Frameset definieren:

```
<head>
</head>
<frameset cols="50%,*" border="1">
  <frame src="inhalt.html" name="inhaltframe">
  <frameset rows="*,4*">
  <frame src="header.html" scrolling="no" name="headerframe">
  <frame src="intro.html" name="bodyframe">
</frameset>
<noframes>
<body>
An dieser Stelle sollten ein paar Zeilen Text mit den wichtigsten Suchbegriffen stehen. Außerdem kann man hier auch die zu indexierenden Unterseiten verlinken.
<a href="seite1.html">Link zu Unterseite</a>
  </body>
</noframes>
</frameset>
</html>
```

Die Abbildung zeigt, wie man in einem Frameset einen "NoFrames-Bereich" definiert. In diesem Bereich kann man eine kurze Information zum Internetangebot schreiben, die wichtigsten Suchbegriffe unterbringen und zusätzlich Verlinkungen auf interne Unterseiten anbringen, die von den Suchmaschinen erfasst werden sollen.

5.3.2.4 Verwendung eines Alt-tags

Wenn Sie Bilder und Grafiken auf Ihrer Homepage verwenden, dann sollten Sie einen sog. Alt-Tag setzen.

`<img src="Grafik.jpg" alt="ein kurzer Text" border="0">`

Viele Suchmaschinen werten den "Alt-tag" aus, so dass es sinnvoll ist, bei jeder Grafik ein solches Attribut zu verwenden und darin die wichtigen Stichwörter unterzubringen. Des weiteren wird der "Alt-tag" auch zur Indexierung bei Bildersuchmaschinen verwendet, z.B. bei der Bildersuche der Suchmaschine Google. Achten Sie darauf, dass Sie beim "Alt-tag" nur wenige Suchgebriffe unterbringen und benutzen Sie auch nur solche Begriffe, die auf Ihrer Homepage auch in Textform vorkommen. Bei jeder Grafik sollten

Sie einen unterschiedlichen "Alt-tag" verwenden, vermeiden Sie zu häufige Wiederholungen des gleichen Keywords.

5.3.3 Bedeutung von Verlinkungen

Die in den vorhergehenden Abschnitten beschriebenen Relevanzkriterien einer Suchmaschine zur Bewertung von Webseiten haben den Nachteil, dass sie vom Betreiber der Webseite relativ leicht beeinflusst werden können. Bereits 1995 tauchten im Usenet Beschwerden über die Betreiber von Erotikseiten auf, die auch bei komplett unerotischen Suchbegriffen weit vorne in den Suchmaschinen gelistet waren. Daraufhin begann man spezielle Filter einzurichten, die zumindest die einfachsten Spamming-Tricks erkennen sollten. Seit Mitte der 90er Jahre wurden seitens der Suchmaschinenbetreiber immer neue zusätzliche Kriterien zur Relevanzbestimmung von Webseiten herangezogen um zu gewährleisten, dass nicht die Webseiten mit den besten Tricks im HTML-Code auf den Ergebnisseiten der Suchmaschinen vorne stehen, sondern die relevantesten Webseiten. Ein wichtiges Kriterium, dass heute von den meisten großen Suchmaschinen zur Relevanzbestimmung von Internetseiten genutzt wird, ist die sog. Link Popularity. Vorreiter in der Verwendung der "Link Popularity" zur Relevanzbestimmung von Webseiten war die Suchmaschine Google, die im Jahre 1998 das PageRank-Verfahren einführte. Das Grundprinzip des "PageRank" besteht darin, dass die Anzahl von externen Links, die auf die zu bewertende Seite zeigen, als Qualitätsmerkmal gewertet wird. Dass bedeutet, dass nur qualitativ hochwertige Seiten viele Links von anderen Webseiten erhalten. Google zieht also die Anzahl der verweisenden Links auf eine Webseite in seinen Bewertungsalgorithmus mit ein. Eine Suchmaschinenoptimierung einer Webseite mit Schwerpunkt für die Suchmaschine Google wird später ausführlich erläutert. Im Folgenden wird kurz die Bedeutung von internen und externen Links beschrieben:

5.3.3.1 Interne Verlinkungen

Hiermit sind Verlinkungen innerhalb einer Webseite zu internen Seiten, also Unterseiten des eigenen Internetangebotes, gemeint. Der Spider einer Suchmaschine folgt in der Regel allen internen Verlinkungen, die er findet. Von daher ist es sinnvoll, sämtliche Unterseiten einer Webseite von der Hauptseite aus zu verlinken und von einer Unterseite auch wieder zurück zur Hauptseite und den anderen Unterseiten zu linken. In der Fachsprache der Suchmaschinen-Optimierer wird das Verfahren der internen Verlinkung, also der Aufbau eines internen Netzwerkes, als "Cross Linking" bezeichnet. Der Sinn des internen Netzwerkes ist, dass keine Seite isoliert dasteht und alle Unterseiten gefunden werden. Da es bei Webangeboten mit sehr vielen Unterseiten, also z.b. bei großen Portalen, aus Platzgründen oftmals nicht möglich ist, alle Seiten von der Hauptseite aus zu verlinken, bedient man sich häufig eines sog. Sitemap. Hierunter versteht man eine zentrale Linkliste, auf der alle wichtigen Unterseiten des Webangebotes verlinkt sind. Das Sitemap wird dann auf der Hauptseite und allen Unterseiten verlinkt. Sofern ein modernes Content Management System verwendet wird, lässt sich die Verlinkung auf das Sitemap automatisch auf jeder Seite einfügen, so dass nicht jede Seite einzeln editiert werden muss.

5.3.3.2 Externe Verlinkungen

Bei externen Verlinkungen sind in diesem Falle Links gemeint, die von der eigenen Webseite auf ein fremdes Webangebot verweisen. Suchmaschinenspider bewerten es zum Teil positiv, wenn sie auf einer Webseite Links zu anderen Seiten finden, denen sie folgen können. Außerdem wird durch eine externe Verlinkung der Nutzen der Seite für den User gesteigert, wenn er weitere nützliche Links zu einem bestimmten Thema vorfindet. Des weiteren tritt beim Anbringen von externen Links mit der Zeit auch der positive Nebeneffekt auf, dass auch die Webmaster, auf deren Seiten verlinkt wird, ebenfalls einen Link setzen. Um die Linkpopularität der eigenen Webseite zu steigern, empfiehlt sich u.a. der Aufbau einer Linkliste. In diese Linkliste kann der Webmaster einer Seite themenverwandte Verlinkungen zu anderen Seiten anbringen, d.h. man sucht z.B. in einen Webkatalog Seiten heraus, die sich ebenfalls mit einem bestimmten Fachgebiet beschäftigen. Nach der Eintragung dieser Seiten in der eigenen Linkliste schreibt man die entsprechenden Webmaster per Email an, und weist sie auf den Eintrag in der Linkliste hin mit der Bitte, im Gegenzug ebenfalls einen Link zu setzen.

Bei externen Links sollten Sie darauf achten, dass Sie auf einer einzelnen HTML-Seite die Anzahl der ausgehenden Links auf ein vernünftiges Maß begrenzen. Ansonsten könnten Suchmaschinen Ihre Homepage als "Linkfarm" bewerten und dann entsprechend abwerten. Google empfiehlt in seinen Richtlinien für Webmaster[10] die Anzahl der externen Links auf maximal 100 zu begrenzen.

5.4 "Verbotene" Tricks (Spam)

Im Folgenden werden einige sog. Spamming-Tricks genannt, mit denen dubiose Webmaster versuchen, das Ranking ihrer Seiten künstlich zu beeinflussen. Die unlauteren Methoden einiger Webmaster sollen an dieser Stelle nicht vertieft werden. Es ist aber wichtig, kurz vor einigen Methoden zu warnen, weil bei Verwendung dieser Tricks eventuell genau das Gegenteil einer Suchmaschinenoptimierung erreicht wird, nämlich die dauerhafte Sperrung im Suchindex.

- Spiegeln von identischem Inhalt auf mehreren Domains und Subdomains
- Künstliche Verlinkungen durch zahlreiche Eintragungen in Gästebüchern und Blogs

---

10

http://www.google.com/support/webmasters/bin/answer.py?answer=357
69

- Text, der durch Angleichung der Hintergrundfarbe verborgen wird
- Verwendung von Suchbegriffen, die mit dem Seiteninhalt nicht relevant sind
- Erstellung von Doorwaypages (Brückenseiten)
- Cloaking, d.h. dem Robot der Suchmaschine wird eine andere Seite präsentiert wird als dem Besucher
- Dauerhaftes Anmelden sämtlicher Unterseiten in den Suchmaschinen
- Teilnahme an Linktauschprogrammen, die dazu dienen, Ihr Ranking oder Ihren PageRank zu verbessern.

5.5 Anmeldung bei Suchmaschinen

Bei echten Crawler-Suchmaschinen wie Google und Co. müssen Sie Ihre Homepage nicht extra anmelden, damit die Seite in den Suchindex aufgenommen wird. Wenn Ihre Homepage einen Link von einer bereits indexierten Seite erhält, dann nehmen die Suchmaschinen auch neue Seiten automatisch in ihren Suchindex auf. Sollten Sie Ihre Homepage trotzdem manuell eintragen wollen, dann finden Sie hier einige Eintragsformulare:

Anmeldeformular bei Google:
http://www.google.de/addurl/?hl=de&continue=/addurl

Anmeldeformular bei MSN:
http://search.msn.com/docs/submit.aspx?FORM=WHWL

Anmeldeformular bei Yahoo:
http://de.siteexplorer.search.yahoo.com/free/request

Anmeldeformular bei Gigablast:
http://gigablast.com/index.php?subPage=addUrl&page=abo
ut&

Zusätzlich können Sie auch eine Eintragssoftware wie "Hello Engines"[11] nutzen, um Ihre Homepage in diverse Suchmaschinen und Verzeichnisse einzutragen.

5.6 Analyse der Position in den Suchmaschinen

Nachdem die entsprechende Webseite in der jeweiligen Suchmaschine erfasst worden ist, sollte das Ranking überprüft werden. Dabei ist es wichtig in Erfahrung zu bringen, wie sich die eigene Position in den Suchmaschinen bei bestimmten Suchbegriffen und Wortkombinationen entwickelt hat und wie die eigene Seite im Vergleich zur Konkurrenz positioniert ist.

Es ist festzustellen, an welcher Stelle die eigene Webseite vor einer Suchmaschinenoptimierung unter bestimmten Suchbegriffen in einer jeweiligen Suchmaschine positioniert ist und wie das Ergebnis danach ist. Zwischen dem Such-

---

[11] http://www.hello-engines.de

maschineneintrag und der erstmaligen Positionsüberprüfung sollte mindestens ein Zeitraum von 4 Wochen vergangen sein, weil es bei den meisten Suchmaschinen längere Zeit dauert, bis der Suchindex aktualisiert ist. Für einen direkten Positionstest ist eine manuelle Eingabe von einzelnen Suchbegriffen bzw. Wortkombinationen in die Suchformulare der jeweiligen Suchmaschinen erforderlich. Wenn die eigene Seite unter den ersten drei Suchergebnisseiten einer jeweiligen Suchmaschine zu finden ist, dann kann dieses Ergebnis als gut bewertet werden. Dabei ist eine Positionierung einer Seite umso wertvoller, je mehr Suchergebnisse unter einem bestimmten Begriff gefunden werden. So liefert eine Suchabfrage bei Google unter dem Begriff "Internet" 147.000.000 Ergebnisse, wobei die Eingrenzung der Suchabfrage auf "Internet Software" nur 6.650.000 Ergebnisse liefert. Grundsätzlich bedeutet eine Positionierung einer Seite unter einem Topsuchbegriff viel Traffic (Besucher), wobei allerdings bei sehr allgemeinen Begriffen, wie "Internet" auch sehr viel unqualifizierter Traffic auf eine Seite kommen wird. An dieser Stelle sei noch einmal ausdrücklich erwähnt, dass eine Suchmaschinenoptimierung nicht bedeutet, möglichst viele Besucher auf eine Seite zu leiten, sondern vielmehr eine konkrete Ansprache der Zielgruppen. Eine durchgeführte Suchmaschinenoptimierung ist dann erfolgreich gewesen, wenn die optimierte Webseite später mit denen für das Unternehmen relevanten Suchbegriffen an den vorderen Plätzen einer Suchmaschine zu finden ist.

Konzentrieren Sie sich auf das Wesentliche und das Machbare

Grundsätzlich sei auch noch mal darauf hingewiesen, dass es gerade für neue und kleinere Webseiten ohne großen finanziellen Background sehr schwierig sein wird, unter einzelnen Topsuchbegriffen, wie z.B. "Hotel", auf der ersten Seite einer großen Suchmaschine zu erscheinen. Versuchen Sie daher besser auf sinnvolle Wortkombinationen zu optimieren. Wenn Sie also beispielsweise ein Hotel in "Hintertupfingen" betreiben, dann werden Sie daran interessiert sein, dass potentielle Übernachtungsgäste über das Internet auf Ihre Homepage aufmerksam werden und eine Buchungsanfrage bei Ihnen tätigen. Würde es Ihnen daher rein theoretisch etwas bringen, wenn Sie mit dem Begriff "Hotel" auf Seite eins bei Google kämen? Der Benutzer, der diese Suchabfrage tätigt, wird höchstwahrscheinlich nach einem Hotelführer suchen oder aber nach einem Hotel in einer Großstadt. Für den Hotelbetreiber in Hintertupfingen wären daher eher Wortkombinationen wie "Hotel Hintertupfingen", "Übernachtung Hintertupfingen", "Pension Hintertupfingen" oder "Hintertupfingen Hotel" sinnvolle Suchbegriffe.

5.7 Überprüfung der Ziele und Suche nach Verbesserungsmöglichkeiten

Nach der Analyse des Rankings der Webseiten in den Suchmaschinen sollte überprüft werden, ob die zuvor festgesetzten Ziele erreicht wurden. Lesen Sie hier eine mögliche Vorgehensweise zur Überprüfung der Ziele und eventuelle Verbesserungsmöglichkeiten.

Die Ziele wurden erreicht:

- Regelmäßige Kontrolle, wie die Positionen in den Suchmaschinen sich entwickeln,
- Planung und Entwicklung neuer zusätzlicher Projekte,

- Pflege und Aktualisierung der vorhandenen Seiten.

Die Ziele wurden noch nicht erreicht:

- Überprüfung und eventuelle Veränderung der Meta-tags, insbesondere der Seitentitel,
- Veränderung des Seiteninhaltes, insbesondere die Keyworddichte überprüfen,
- Überprüfung der internen Linkstruktur auf Ihrer Homepage. Sind alle wichtigen Unterseiten von jeder Seite durch einen Link erreichbar?
- Erhöhen Sie die Link Popularity, also die Anzahl von fremden Links, die auf Ihre Webseite verweisen u.a. durch themenrelevanten Linktausch mit anderen Webmastern, um die Linkpopularität zu erhöhen. Allerdings keine Teilnahme an automatischen Link-tauschprogrammen. Auch bei einer Linkmiete sollten Sie vorsichtig sein. Die Miete eines Links bei einer Seite mit einem höheren Page Rank ist nur dann sinnvoll, wenn sich dort nicht zu viele ausgehende Links befinden. Sog. Linkfarmen werden von den Suchmaschinen nicht gerne gesehen.
- Anschaffung neuer zusätzlicher Domains mit anderen IP-Nummern, die optimiert werden und dann auf die bereits vorhandene Webseite linken.
- Analyse von gut positionierten Konkurrenzseiten.
- Erhöhen Sie den Umfang des Contents auf Ihrer Homepage, z.B. durch Einrichtung eines Blogs oder eines Forums.
- Wurden die Ziele eventuell zu hoch gesetzt? Wenn ja, dann ggf. Reduzierung der Ziele.
- Ist das Alter der Domain noch ziemlich jung? Wenn ja, dann greift ggf. der "Google Sandbox Effekt". Erläuterung hierzu folgt später im Google Abschnitt.

- Nach ca. 6-8 Wochen erneute Prüfung des Rankings in den Suchmaschinen.

6. Suchmaschinenoptimierung für Google

Im folgenden Kapitel wird auf die Eigenheiten des Marktfüh-
rers Google eingegangen. Die Suchmaschine Google verzeichnet täglich weltweit die meisten Suchanfragen und ist
damit zur Zeit die beliebteste Suchmaschine im Internet.

6.1 Bedeutung des PageRank

Ein wesentliches Kriterium, welches von Google zur Bewertung von Webseiten eingesetzt wird, ist der sog. PageRank.
Dieses spezielle Verfahren zur Bewertung von Internetseiten wurde 1998 von den Studenten und späteren Gründern
der Suchmaschine Google, Larry Page and Sergey Brin
entwickelt. Der PageRank berechnet den Wert aller Links,
die auf eine Seite zeigen und beurteilt die Seite nach der
Anzahl und Qualität aller Verweise. Der PageRank ist eine
Abwandlung der Linkpopularität, weil im PageRank-
Verfahren sämtliche Links beurteilt werden, also interne
und externe Links. Hier besteht ein wichtiger Unterschied
zur Linkpopularität, die nur Links von anderen Sites berücksichtigt. Allerdings ist es auch beim PageRank-Verfahren
so, dass externe Links, also Links die von einer fremden
Seite kommen, stärker gewichtet werden, als interne Links
von der eigenen Seite. Das Grundprinzip beim PageRank-
Verfahren zu Bewertung von Webseiten ist, dass je mehr
Links auf eine Seite verweisen, desto relevanter ist der Inhalt der Webseite. Wenn der Link, der auf eine Seite ver-
weist von einer Seite kommt, auf die ebenfalls viele Links

verweisen, dann wird die Seite bei Google noch stärker gewichtet.

Die in der Stanford-Arbeit von Sergey Brin and Lawrence Page im Jahre 1998 veröffentliche Formel[12] lautet:

$$PR(A) = (1-d) + d (PR(T1)/C(T1) + ... + PR(Tn)/C(Tn))$$

PR(A) ist der PageRank der Seite A.
d = Dämpfungsfaktor, normalerweise hat dieser den Standardwert 0,85.
PR(T1) = PageRank einer Seite, die auf Seite A verlinkt.
C(T1) = Gesamte Anzahl der Links von dieser Seite.
PR(Tn)/C(Tn) - Bedeutet, dass der PageRank für jede einzelne Seite ermittelt wird.

Diese, auf den ersten Eindruck vielleicht komplizierte Formel, hat für den Webmaster folgende praktische Bedeutung:

Je mehr Links auf eine Seite verweisen, desto höher wird der PageRank. Der PageRank kann auf einer Skala Werte von 0 bis 10 annehmen. Ein PageRank von "Null" bedeutet, dass bisher nur sehr wenige Links auf eine Seite verweisen bzw. die Homepage noch sehr neu ist - oder die entsprechende Webseite wurde wegen Manipulationsversuchen

---

[12] The Anatomy of a Large-Scale Hypertextual Web Search Engine: http://infolab.stanford.edu/~backrub/google.html

(Spam) des Webmasters abgestraft. Ein PageRank von "Zehn" ist der höchste Wert, der theoretisch erreicht werden kann.

Im Abfrageformular der Suchmaschine Google können Sie einen Teil der verweisenden Links auf eine Domain über-prüfen. Die Eingabe des Befehls: "Link:" gefolgt von der URL einer Seite zeigt die verweisenden Seiten auf eine Domain an.

Beispiel: Bei der Eingabe des Befehls "link:www.apple.com" im Google-Suchformular bekommt man einen Teil der Ver-linkungen von Seiten angezeigt, die auf die Domain "App-le.com" verweisen.

Seit geraumer Zeit zeigt Google allerdings nicht mehr alle verweisenden Links auf eine Domain an, sondern nur noch einen Teil. Der genaue Grund, warum nicht alle Links an-gezeigt werden, ist bisher nicht bekannt. Es wird vermutet, dass Google den Kauf und Tausch von Links reduzieren will. Eine genauere Anzahl der verweisenden Links auf eine bestimmte Domain erhalten Sie, wenn Sie ein Abfrage bei Yahoo tätigen:

Auf der Yahoo-Suche unter http://search.yahoo.com kön-nen Sie ebenfalls die Eingabe des Befehls: "Link:" gefolgt von der URL einer Seite tätigen. Wenn Sie bei Yahoo bei-spielweise die Abfrage "link:www.apple.com" eingeben, dann werden Sie eine höhere Anzahl von Linkverweisen erhalten als bei Google.

Wie wird nun der Google PageRank in der Praxis ermittelt?

Da es in der Praxis ziemlich aufwendig wäre, den PageRank einer jeweiligen Seite manuell mit der Formel zu errechnen, bietet Google eine spezielle Toolbar an, welche im Browser installiert wird und den aktuellen PageRank einer Seite anzeigt.

Unter **"http://toolbar.google.com/intl/de/"** kann die Toolbar kostenlos installiert werden. Die Software ist einfach zu installieren, zum Installationsvorgang gibt es auf der genannten Seite eine ausführliche Installationsanweisung. Als Systemanforderung ist Windows Vista/XP und der Internet Explorer 6.0+ erforderlich. Für Windows 98/ME-Nutzer gibt es ebenso eine Version, wie auch für die Benutzer des Browsers Firefox. Nachdem die Google Toolbar installiert wurde, wird im Browserfenster bei jedem Aufruf einer Webseite der individuelle PageRank mittels eines grünen Balkens angezeigt.

6.1.2 Möglichkeiten zur Erhöhung des Page-Rank

Da der PageRank einer Internetseite eine besonders wichtige Bedeutung für das Ranking im Suchindex hat, ist es bei einer Suchmaschinenoptimierung einer Webseite für die Suchmaschine Google notwendig, dass die zu optimierende Seite mit einem möglichst hohen PageRank benotet wird. Um den PageRank einer Seite zu erhöhen, sollte diese möglichst viele externe Links erhalten. Eine besondere Eigenart des PageRank-Verfahrens ist, dass eine verlinkende Webseite ihren PageRank auf die verwiesene Webseite in der Regel um den Faktor "-1" weitergibt.

Die folgende Abbildung soll diesen Vorgang verständlich machen. Dazu wird aus Vereinfachungsgründen angenommen, dass das Internet nur aus vier Webseiten besteht:

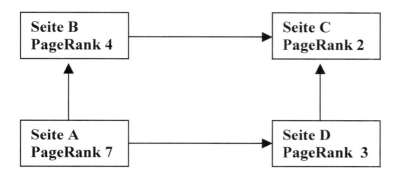

Nach dieser Darstellung würden sich nach Auflauf des Update des Google Suchindex folgende Veränderungen in den jeweiligen PageRank-Werten ergeben:

Die Seite A gibt ihren PageRank 7 um den Faktor "-1" auf die Seite B weiter, so dass diese einen neuen PageRank 6 bekommen würde. Nach dem nächsten Update bekäme die Seite C durch die Verlinkung von B und D einen PageRank von 5. Die Seite D bekäme durch den Link von A einen PageRank von 6.

Dies ist natürlich nur ein sehr vereinfachtes Rechenbeispiel, aber es erklärt das Grundprinzip der Linkvererbung, welche zur Erhöhung des PageRank nötig ist. Um eine Webseite in der Suchmaschine Google gut zu positionieren, müssen genügend externe Links auf die entsprechende Webseite verweisen. Hierbei ist nicht nur die Anzahl der Links wichtig, sondern auch die Qualität. Zum Thema "Qualitätsbeurteilung von Webseiten" erklärte die Google-Forschungschefin Monika Henzinger gegenüber der Wirtschaftswoche vom

09.01.2003: "Unsere Software analysiert, wie Web-Seiten untereinander verknüpft sind - das ist ein sehr verlässliches und neutrales Analyseverfahren."[13]

Folgende Maßnahmen können angewendet werden, um den PageRank einer Webseite zu verbessern:

6.1.3 Interne Verlinkungsstruktur

Eine Webseite sollte über eine gut ausgebaute interne Ver-linkungsstruktur verfügen, weil auch interne Links in die Bewertung des PageRanks eingehen. Sind alle wichtigen Unterseiten mit wenigen Klicks erreichbar? Testen Sie selbst, wie viele Klicks Sie benötigen, um von der Startseite auf die Unterseiten zu gelangen. Müssen Sie einmal klicken oder müssen Sie fünfmal klicken, um z.B. zu Ihrem Shop zu gelangen?

6.1.4 Eintrag in Webkatalogen

Ein Eintrag in großen Webkatalogen ist sinnvoll, weil die Links aus bekannten Verzeichnissen stärker gewichtet wer-den.

6.1.5 Linktausch mit anderen Webseiten

Ein Linktausch mit hochwertigen anderen Webseiten, mög-lichst themenverwandten Seiten, verbessert die Linkpopula-

---

[13] Monika Henzinger, Interview in der Wirtschaftswoche vom 09.01.2003, S. 42

rität der eigenen Seite. Von automatischen Linktauschprogrammen sollten Sie allerdings absehen.

Auf Folgendes sollten Sie beim Linktausch achten:

Achten Sie beim Linktausch darauf, dass Sie von anderen
Webseiten nicht immer mit dem gleichen Linktext (z.B.
hundertfach "1A Lebensversicherung") verlinkt werden,
sondern dass der Linktext öfters wechselt.

Des weiteren sollten Sie Links von Startseiten einer Homepage vermeiden, da externe Links, die sich auf Startseiten
befinden, von Google anscheinend nicht mehr voll bewertet
werden. Vielleicht ist dies auch eine Maßnahme von
Google gegen das Mieten und Kaufen von Links. Seien wir
mal ehrlich. Würden Sie z.B. Linkverweise mit den Titeln
"Klingeltöne", "Lastminute", "Versicherungen" etc., die sich
im Footer auf der Startseite einer Universitäts-Homepage
befinden, als natürliche Links betrachten? Wohl eher nicht.
Hier kann man in der Regel davon ausgehen, dass es sich
hierbei um vermietete Links handelt, die nicht wegen des
"hochwertigen Contents" gesetzt wurden. Ziehen Sie beim
Linktausch mit anderen Webseiten daher eher eine themenrelevante Unterseite vor. Beispiel: Als Hersteller von
"Weingläsern" könnten Sie den Betreiber eines Weinshops
bitten einen Link auf Ihre Seite zu setzen in der Rubrik
"Weinzubehör".

6.1.6 Linkbaiting

Im Idealfall sollte es natürlich so sein, dass Ihre Homepage
alleine durch ihren hochwertigen Content Verlinkungen von
anderen Webseiten erhält. Andere Webmaster erachten

den Inhalt Ihrer Homepage als nützlich, so dass sie von sich aus einen Link auf Ihre Homepage setzen. Das wäre wie gesagt der Idealfall. Ob Ihre Homepage freiwillig Links von anderen Webseiten erhält, hängt allerdings stark vom Thema ab. Ein Videoportal mit lustigen Inhalten wie Youtube[14] wird eher verlinkt wie beispielsweise eine nüchterne Versicherungsseite. Wie kann man nun Besucher dazu animieren, freiwillig einen Link auf ein Webangebot zu setzen – oder besser zusätzlich noch – eine Seite bei Freunden und Bekannten weiterzuempfehlen? Hier setzt das sog. Linkbaiting an. Dieser Begriff kommt aus den USA und er bedeutet so etwas wie "Links ködern". Der Besucher soll dazu animiert werden, einen Link auf eine Webseite bzw. auf den Teil eines Webangebotes zu setzen. "Linkbaiting" ist ähnlich dem "Guerilla-Marketing", wobei das Linkbaiting speziell darauf abzielt einen Link zu erhalten. Beim Guerilla-Marketing ist es eher das Ziel mit einem bestimmten Produkt Gesprächsthema zu werden, es dient zur viralen Verbreitung von Marketingbotschaften. Die Grenzen zwischen den beiden Marketinginstrumenten sind jedoch fließend. Von daher könnte man das Linkbaiting auch als eine spezielle Onlineversion des Guerilla-Marketings bezeichnen. Ein sehr bekanntes Beispiel hierfür ist das Computerspiel "Moorhuhn".

Moorhuhn ist ein PC-Spiel aus dem Jahr 1999, welches im Auftrag von Phenomedia durch die niederländische Firma Witan als Werbespiel für die schottische Whisky-Marke "Johnnie Walker" entwickelt wurde. Das Moorhuhn-Spiel wurde im Internet kostenlos zum Download angeboten und wurde innerhalb kurzer Zeit durch Mundpropaganda der absolute Renner bei den Pausenspielen im Büro. Das Spiel wurde per E-Mail an die Bürokollegen versendet, aber na-

---

[14] http://www.youtube.com

türlich erhielt auch die Download-Seite des Spiels innerhalb kürzester Zeit einen gigantischen Linkzuwachs durch Verlinkungen von anderen Homepages oder Erwähnung in der Online-Presse. Durch den großen Erfolg von Moorhuhn wird ersichtlich, das tolle kostenlose Angebote mit einem hohen Mehrwert für den Nutzer grundsätzlich gerne beachtet werden.

Welche kostenlosen Zusatzangebote können Sie auf Ihrer Homepage anbieten?

Hierbei ist natürlich zu beachten, dass nicht alles, was kostenlos im Internet angeboten wird, auch automatisch bei den Usern Beachtung findet bzw. gerne verlinkt wird. Seien Sie kreativ! Überlegen Sie, welches Zusatzangebot zum Gesamtkonzept Ihrer Homepage passt – was könnte ein großer Teil Ihrer Zielgruppe attraktiv finden? Welche Angebote haben Sie persönlich auf anderen Homepages schon des öfteren gerne in Anspruch genommen?

Beispiele für kostenlose Zusatzangebote sind:

- Software Download
- Bildschirmschoner
- Musik[15]
- Videos
- Online-Spiele
- Grußkarten
- Routenplaner
- Fachlexika
- Onlinerechner (z.B. Versicherungen, Steuern)
- ebooks (Fachliteratur im PDF-Format)

---

[15] Beim Musikdownload müssen Sie natürlich vorher die Urheberrechte klären und Genehmigungen der Künstler einholen.

- Diskussionsforen
- Bildersammlungen

Die Liste mit kostenlosen Zusatzangeboten lässt sich beliebig fortsetzen und vielleicht fällt Ihnen ja noch mehr ein, womit Sie Ihre User erfreuen könnten.

6.2 Top-Positionen bei Google

Wie schafft man es nun mit einer Webseite unter bestimmten Suchbegriffen auf die erste Seite bei Google zu kommen?

Hierbei gleich vorweg: Vergessen Sie unseriöse Angebote von gewissen SEO[16]-Agenturen, die Ihre Homepage bei ALLEN beliebigen Suchbegriffen auf Platz eins bringen wollen. Grundsätzlich ist es immer nur möglich eine Homepage für eine begrenzte Auswahl an Suchbegriffen zu optimieren und hierbei hängt es auch davon ab, wie viele Webseiten zu einem Thema im Internet existieren. Wenn Sie beispielsweise bei Google den Suchbegriff "Computer" im Suchformular eingeben, dann erhalten Sie derzeit ca. 1.300.000.000 Suchergebnisse (Stand: 14. Mai 2008). Für eine neue und wenig bekannte Homepage wäre es somit reine Zeitverschwendung alleine auf den Begriff "Computer" zu optimieren. Wenn Sie nun aber beispielsweise einen "Computernotdienst" in Hamburg betreiben, dann wird es das Ziel Ihres Unternehmens sein, dass Anwender mit Computerproblemen aus Hamburg und Umgebung Ihre Dienste in Anspruch nehmen.

---

[16] SEO ist die Abkürzung für " Search Engine Optimization"

6.2.1 Sinnvolle Keywords festlegen

Bevor Sie mit Maßnahmen zur Suchmaschinen-Optimierung beginnen, überlegen Sie sich genau geeignete Suchbegriffe. Welche Suchbegriffe würden gestresste Anwender mit PC-Problemen wohl eingeben, die einen PC Notdienst in Hamburg suchen? Überlegen Sie sich mögliche Wortkombinationen, wie z.B.

- Computernotdienst Hamburg
- Computer Notdienst Hamburg
- Computerservice Hamburg
- PC Notdienst Hamburg
- PC Hilfe Hamburg
- Computer Service Hamburg
- Computer Hilfe Hamburg

Nachdem Sie eine Reihe möglicher Suchbegriffe festgelegt haben, beginnen Sie mit der "Onpage Optimierung".

6.2.2 Onpage Optimierung

Unter "Onpage Optimierung" versteht man die Maßnahmen zur Suchmaschinen-Optimierung, die auf der betreffenden Homepage selber durchgeführt werden können, also interne Maßnahmen. In Kapitel fünf dieses Buches werden die grundlegenden "Onpage-Faktoren" zur Suchmaschinen-Optimierung erläutert. Diese Grundregeln gelten auch für Google. Darüber hinaus scheinen sich folgende interne Faktoren besonders positiv auf das Ranking bei Google auszuwirken:

- Vorkommen des Begriffes im Titel. Auf der Startseite sollten auf jeden Fall im Homepage-Titel die wichtigsten Suchbegriffe stehen. Weitere Suchbegriffe im Titel der Unterseiten verwenden. Achten Sie darauf, dass jede Unterseite einen individuellen Seitentitel aufweist.

- Wichtige Suchbegriffe sollten verstärkt im oberen Drittel der Homepage stehen und durch Überschriften und Fettmarkierung hervorgehoben werden. Des weiteren sollten die wichtigsten Begriffe aber auch im unteren Bereich der Homepage vorkommen. Verwenden Sie die Suchbegriffe stets in zusammenhängenden Sätzen und halten Sie sich an die Keyworddichte von ca. 5-7 Prozent.

- Bringen Sie wichtige Keywords in der internen Linkstruktur unter, d.h. im Linktext können Sie ein bis zwei Suchbegriffe nennen. Zusätzlich können Sie auch in Ordner- und Dateinamen Suchbegriffe unterbringen.

- Aktualisieren Sie den Inhalt Ihrer Homepage regelmäßig. Dies hat zum einem den Vorteil, dass der Google Robot Ihre Webseite häufiger besucht und zum anderen bringt Aktualität einen Bonuspunkt im Ranking.

- Alte Domains werden von Google besser bewertet als neue. Hier ist das Domainalter gemeint, also der Zeitpunkt ab dem die Domain registriert und im Google-Index verzeichnet wurde. Wenn Sie nun planen in den nächsten Monaten ein neues Internetprojekt zu starten, dann sollten Sie schon jetzt die Domain mit ein paar Zeilen Text online stellen und für ein paar externe Links sorgen, damit die neue Domain von Google gespidert wird.

- Alt-Tags in Bildern werden zur Beurteilung der Keyworddichte mit herangezogen. Hierbei gilt: "Weniger ist oft mehr!", d.h. verwenden Sie Alt-Tags bei Bildern, aber gehen Sie mit der Anzahl der Keywords sparsam um. Auf keinen Fall sollten Sie in den Alt-Tags Dutzende Keywords aneinander reihen, weil das als Spam geahndet werden kann. Verwenden Sie im Alt-Tag ein bis zwei Keywords, am Besten in einem kurzem Satz und verwenden Sie auch nur Wörter, die auf Ihrer Homepage in Textform vorhanden sind.

- Verwenden Sie Suchbegriffe in den Dateinamen von Bildern. Zusammen mit dem Alt-Tag wird der Dateiname in der Google-Bildersuche[17] zur Indexierung verwendet. In bestimmten Branchen, wie z.B. Reisen, Automobil, Unterhaltung, kann die Google Bildersuche wertvollen Traffic für Sie bringen.

- Vermeiden Sie doppelten Inhalt, hiermit sind nicht nur doppelte Inhalte auf Ihrer Homepage gemeint, sondern auch sonst im Internet. Die Frage, die Sie sich stellen müssen, ist: "Ist mein Content einzigartig, oder gibt es den noch tausendfach anderswo im Netz?" Wenn Sie z.B. in Ihrem Onlineshop Produktdaten von Affiliate-Systemen[18] verwenden, dann können Sie davon ausgehen, dass nicht nur Sie diese Produktbeschreibungen verwenden, sondern noch Tausende andere Webmaster. Am Besten wäre es bei einem Onlineshop natürlich, wenn Sie gänzlich eigene Texte für die Anpreisung der Produkte verwenden. Wenn dass allerdings vom Aufwand her nicht machbar ist, dann sollten Sie zumindest den Text leicht verändern, um doppelte Inhalte zu vermeiden.

---

[17] http://images.google.de
[18] vgl. http://de.wikipedia.org/wiki/Affiliate_(Partnerprogramm)

6.2.3 Offpage Optimierung

Im Gegensatz zur "Onpage Optimierung" findet die "Offpage Optimierung" außerhalb des eigentlichen Internetauftrittes statt.

- Sorgen Sie für einen regelmäßig wachsenden, natürlichen Linkaufbau. Hierbei gilt: Zu Anfang lieber weniger Backlinks als schnell zu viele auf einmal.

- Backlinks von thematisch verwandten Seiten werden besser gewertet, als von thematisch fremden Seiten. Beispiel: Ein Link von einem Online-Reisebüro auf eine Webseite mit Reisezubehör bringt mehr im Ranking als ein Link von einem Autohandel auf eine Webseite mit Online-Poker.

- Link Kontext mit relevanten Suchbegriffen: Bei den Links von fremden Domains (Backlinks) wirkt es sich positiv im Ranking aus, wenn die Linktexte Suchbegriffe enthalten, die in Ihrem Seitentitel und im oberen Bereich Ihrer Homepage vorkommen. Umso mehr Links auf eine Seite verweisen, desto besser wird sie von Google bewertet. Neben der reinen Anzahl der Links ist auch die Qualität der verweisenden Seite wichtig, sowie der Text, der im Link steht:

`<a href="http://www.MeineSeite.de">Keyword 1 Keyword 2 Keyword 3</a>`

Dieser HTML-Befehl fügt einen Textlink auf einer Webseite ein. Bei Verlinkungen von anderen Webseiten wertet Google auch die Linkbeschreibung aus. Beispiel:

`<a href="http://www.MeineSeite.de">Immobilien in Hamburg an der Alster</a>`

Ein Immobilienmakler aus Hamburg bietet Immobilien in Alsternähe an. Relevante Suchbegriffe für die Webseite wären also u.a. "Hamburg", Immobilien" und "Alster".

Besonders positiv würde es sich für den Immobilienmakler auf eine gute Positionierung in Google auswirken, wenn er möglichst viele Links von anderen Webseiten bekäme, die im Textlink die genannten Suchbegriffe enthalten. Aus diesem Grunde bietet sich ein Linktausch mit anderen Webmastern an.

6.2.4 Google Sandbox

Der Begriff "Google Sandbox" bezeichnet einen vermutlichen Filter, der seit ca. Anfang 2004 bei der Suchmaschine Google im Einsatz ist. "Sandbox" ist der englischsprachige Begriff für Sandkiste und bedeutet, dass neue Domains unter bestimmten Vorraussetzungen erst mal von den anderen Domains im Google Suchindex abgeschirmt werden. Die Sandbox hat die Funktion eines routinemäßig eingesetzten Testfeldes.

Wie macht sich der Google Sandbox-Effekt bemerkbar?

Bei neuen Domains lässt sich häufig beobachten, dass diese nach der erstmaligen Indexierung vom Google Robot bei den Suchergebnissen relativ weit vorne auftauchen, wenn die neuen Domains bereits gut optimiert sind und zahlreiche eingehende Links aufweisen können. Nach einer Weile stürzen die zuvor recht gut gelisteten neuen Domains dann im Google Ranking ab und werden viel weiter hinten in den Suchergebnissen gelistet und stehen sozusagen unter "Beobachtung" auf der "Spielwiese". Nach einer gewissen Zeit von ein paar Wochen bis hin zu Monaten werden die Seiten dann oftmals wieder aus der Sandbox entlassen und erscheinen wieder vorne in den Suchergebnissen.

Was ist der Sinn dieser Sandbox?

Zuerst einmal muss erwähnt werden, dass die Existenz der Sandbox seitens Google bisher noch nicht offiziell bestätigt wurde. In zahlreichen Webmaster Foren wird dieser Effekt aber immer wieder diskutiert und der Google Chefingenieur Matt Cutts[19] sagte im November 2005 in einem Interview:

"SEOs normally split down the line. There are some things in the algorithm that may be perceived as a sandbox that doesn't apply to all industries."[20]

Bestimmte Filterfunktionen scheinen also unter gewissen Voraussetzungen bei neuen Domains zu greifen. Der Sinn der Sandbox ist wahrscheinlich, dass Google verhindern will, das Spamseiten (z.B. Doorwaypages) den Suchindex überfluten.

Wie lässt sich die Sandbox vermeiden?

Sofern Ihre Webseite den Google "Richtlinien für Webmaster"[21] entspricht - insbesondere bedeutet dies, dass Sie keine Spam-Techniken verwenden - wird Ihre Webseite nach einer gewissen Zeit automatisch wieder aus der Sandbox entlassen. Zusätzlich können folgende Tipps hilfreich sein:

---

[19] http://www.mattcutts.com/blog/
[20] http://www.seroundtable.com/archives/002809.html
[21] http://google.com/support/webmasters/bin/answer.py?answer=35769

- Wenn Sie ein neues Internet-Projekt starten wollen, dann stellen Sie die Domain so früh wie möglich online, schreiben Sie ein paar Zeilen Text zur Information und sorgen Sie durch externe Links, dass die Domain von Google indexiert wird.

- Sorgen Sie für einen langsam wachsenden Linkaufbau. Wenn Sie bei einer neuen Domain schon in den ersten Tagen sehr viele Backlinks haben, dann wirkt das für Google unnatürlich.

- Bei eingehenden Links (Backlinks) sollten Sie darauf achten, dass diese nicht immer den gleichen Linktext haben, d.h. der Linktext sollte variieren. Das gilt insbesondere bei hart umkämpften Top-Keywords, wie "Versicherung", "Handy", "Reisen", "Auto", usw.

- Betreiben Sie anfangs keine zu starke Onpage-Optimierung auf ein bestimmtes Keyword hin, z.B. sollte die Keyworddichte für einen bestimmten Begriff anfangs nicht zu hoch sein. Wenn Ihre Startseite z.B. 500 Wörter an Text beinhaltet, dann schreiben Sie nicht 100 mal das Wort "Reisen" auf der Seite.

7. Die Einrichtung eines Weblogs

In den letzten vier Jahren sind sie im Internet förmlich aus dem Boden geschossen wie Pilze: Die "Weblogs", auch "Blogs" genannt – oder zu Deutsch "Webtagebuch".

Die Weblogs gibt es eigentlich schon seit Mitte der 90er Jahre, allerdings wurde diesem Medium Anfangs eher weniger Beachtung geschenkt. Seit ca. 2004 ist das bloggen nun immer beliebter geworden und auch viele Firmen[22] und sogar große Verlagshäuser[23] betreiben einen Blog als zusätzliches Internetmedium. Ein Blog ist heutzutage weitaus mehr als ein klassisches Tagebuch, in dem der private Alltag geschildert wird. Weblogs können als Content Management-System (CMS) genutzt werden, um schnell und unkompliziert Nachrichten aller Art im Internet zu veröffentlichen.

7.1 Der Nutzen eines Blogs

Was macht einen Weblog nun so beliebt? Sie brauchen als Betreiber eines Blogs im Prinzip keine HTML-Kenntnisse, um einen Beitrag zu verfassen und im Internet zu veröffentlichen. Wer mit einer Textverarbeitung, wie z.b. Microsoft Word, umgehen kann, der kommt auch mit den gängigen Weblog-Systemen zu recht. Des weiteren verfügen Weblogs in der Regel über ein Kommentarsystem, wodurch die Leser des Weblogs bei jedem Beitrag einen Kommentar verfassen können. Bei einem Weblog kann der User also interaktiv an der Seite teilnehmen und somit können Sie einen Anziehungspunkt schaffen, Ihre Seite wieder zu besuchen.

Was hat ein Weblog nun aber mit der Suchmaschinen-Optimierung für eine Homepage zu tun? Einen Blog können Sie auf einer Unterseite Ihrer Domain installieren, z.B. unter www.domain.de/blog

---

[22] Webtagebuch von FRoSTA-Mitarbeitern: http://www.frostablog.de/blog/
[23] Blogs von ZEIT-Redakteuren: http://www.zeit.de/blogs/index

Wenn Sie Ihren Blog regelmäßig pflegen, dann erhöhen Sie kontinuierlich den Content auf Ihrer Homepage. Sie haben mehr Inhalte und Unterseiten, die ein Suchmaschinenspider indexieren kann. Auf vielen Webseiten ist es der Fall, dass sich die Inhalte einer Homepage wenig ändern und wenig neue Unterseiten hinzukommen. Bei einem gut gepflegten Blog mit selbst geschriebenen Beiträgen sorgen Sie für Aktualität auf Ihrer Homepage. Aktualität wird nicht nur von Besuchern gerne gesehen, sondern auch von Suchmaschinen. Seiten mit häufig aktualisierten Inhalten werden auch häufiger von Suchmaschinen Robots besucht.

Des weiteren können Sie den Blog nutzen, um auf Ihre Produkte aufmerksam zu machen. Es können die wichtigsten Kategorien Ihrer Homepage im Blog verlinkt werden und Sie können natürlich auch auf einzelne Produkte hinweisen, z.B. durch einen Erfahrungsbericht.

Mit der Zeit werden Sie bei einem Blog mit interessanten Beiträgen auch natürliche Links von anderen Bloggern erhalten und wenn Sie Glück haben, wird ein lesenswerter Blog-Bericht vielleicht auch mal in einem Online-Nachrichten Magazin erwähnt.

7.2 Das Thema des Blogs festlegen

Wie groß der Leserkreis Ihres Blogs werden wird, hängt auch vom Thema ab. Schreiben Sie in Ihrem Blog über Gott und die Welt oder wollen Sie über ein Fachthema berichten? Welches Thema macht am ehesten für Ihre Webseite Sinn? Für kommerzielle Webseiten sollten Sie am Besten ein Thema wählen, dass zum Gesamtkonzept Ihres Unternehmens passt. Bei einem Reisebüro könnten Sie z.B. einen Blog mit Reiseberichten eröffnen, ein Autohandel könnte Testberichte zu neuen Automobilen veröffentlichen und ein Restaurant könnte die Leser mit Berichten über kulinarische Köstlichkeiten verwöhnen. Hier sind der Kreativität keine Grenzen gesetzt.

7.3 Wordpress in 10 Minuten installieren

Im Folgenden wird gezeigt, wie Sie die Blogsoftware "Wordpress" einfach und schnell auf Ihrer Homepage installieren können.

1. Ihre Domain sollte über folgende Vorraussetzungen verfügen:

- PHP Version 4.3 oder höher,
- MySQL Version 4.1 oder höher,
- Apache mod_rewrite Modul zur Umschreibung in statische URLs,
- Genügend freier Speicherplatz, 100 MB sollten Sie für den Blog mindestens einplanen.

2. Laden Sie sich die neueste Wordpress-Version als Zip-Datei[24] herunter bei http://wordpress.org[25].

3. Entpacken Sie die Zip-Datei in ein Verzeichnis auf Ihrer Festplatte.

4. Öffnen Sie mit einem Texteditor[26] die Datei "wp-config-sample.php".

---

[24] Eine kostenlose Software zum komprimieren und entpacken von Zipdateien finden Sie unter: http://www.7-zip.org
[25] Eine Deutsche Version gibt es bei: http://wordpress-deutschland.org

5. Halten Sie die Zugangsdaten zu Ihrer Datenbank bereit. Diese Daten für die MYSQL-Datenbank erhalten Sie von Ihrem Provider.

6. In der Datei "wp-config-sample.php" finden Sie ganz oben folgende Zeilen:

```
define('DB_NAME', 'putyourdbnamehere');     // The name of
the database
define('DB_USER', 'usernamehere');          // Your MySQL
username
define('DB_PASSWORD', 'yourpasswordhere');  // ...and
password
define('DB_HOST', 'localhost');     // 99% chance you won't
need to change this value
```

- Bei 'DB_NAME' tragen Sie den Namen der Datenbank ein.
- Bei 'DB_USER' tragen Sie den Benutzernahmen ein.
- Bei 'DB_PASSWORD' tragen Sie das Passwort zur Datenbank ein.
- Bei 'DB_HOST' brauchen Sie normalerweise nichts eintragen, lassen Sie den Eintrag auf 'localhost' – es sei denn, Sie haben für den Host von Ihrem Provider extra Daten erhalten.

Speichern Sie die Datei "wp-config-sample.php" ab in "wp-config.php".

---

[26] Hierzu können Sie z.B. den "Notepad" Texteditor von Windows verwenden

7. Loggen Sie sich nun mit Ihrem FTP-Programm auf Ihrer Domain ein und legen Sie einen Unterordner an, indem Sie den Blog installieren wollen, z.B. www.domain.de/blog

8. Laden Sie von Ihrer Festplatte den gesamten Inhalt vom Ordner "Wordpress" in das Blog-Verzeichnis auf Ihrer Domain.

9. Nachdem alle Dateien hochgeladen wurden, öffnen Sie in Ihrem Browser die Datei "www.domain.de/blog /wp-admin/install.php"
Nun startet das Installationsprogramm. Folgen Sie den Anweisungen und notieren Sie sich das Passwort, welches automatisch vergeben wird.

10. Sie können sich in den Blog nun einloggen unter:

"www.domain.de/blog/wp-login.php"

Geben Sie ein "admin" und dann das automatisch vergebene Passwort. Nachdem Sie sich nun eingeloggt haben, sollten Sie zuerst das Passwort ändern. Danach können Sie im Profil ein paar persönliche Daten eintragen.

7.4 Verfassen eines Beitrages in Wordpress

Sie können jetzt Ihren ersten Beitrag im Blog schreiben. Klicken Sie hierzu auf "Write". Es öffnet sich das Beitragsformular.

- Geben Sie den Titel des Beitrag ein. Der Titel erscheint später auch oben im Browser, d.h. hier sollten immer ein paar wichtige Keywords untergebracht sein.

- Nun können Sie im Textformular Ihren ersten Blogeintrag verfassen. Am Besten begrüßen Sie hier Ihre Leser, stellen sich vor und schreiben, worum es in Ihrem Blog gehen soll.
- Zum Veröffentlichen klicken Sie auf "Publish".
- Nun können Sie sich Ihren ersten Beitrag online im Blog anschauen, wenn Sie auf "view site" klicken.

7.5 Suchmaschinenoptimierung für Wordpress

Die Blogsoftware von Wordpress ist eigentlich von Haus aus von der Struktur her schon sehr gut optimiert für die Suchmaschinen. Trotzdem hier noch ein paar Tipps zur Optimierung von Wordpress:

1. Statische URLs einrichten

Wenn Sie im Blog einen Beitrag verfassen mit dem Titel "Reisebericht Italien Rom", dann würde die URL des Beitrages standardmäßig so aussehen:

/blog/?p=123

Da wir nun wissen, dass statische URLs besser von Suchmaschinen indexiert werden und zudem in der URL auch Keywords untergebracht werden sollten, ist es sinnvoll Mittels .htaccess[27] in statische URLs umzuwandeln. Wordpress kann automatisch eine Umwandlung der URLs vornehmen. Stellen Sie vorher sicher, dass Ihre .htaccess Datei (befindet sich im Root-Verzeichnis Ihres Blogs) beschreibbar ist. Falls die .htaccess nicht beschreibbar ist, veranlassen Sie dieses mit Ihrem FTP-Programm mit dem Befehl "chmod 777"[28].

Nachdem Sie sichergestellt haben, dass Ihre .htaccess beschreibbar ist, klicken Sie im Wordpress-Menu auf:

"Options" und dann auf "Permalinks".

Klicken Sie statt "default" nun auf "Date and name based" und dann auf "Update permalink structure". Wordpress schreibt nun die entsprechenden Anweisungen in Ihre .htaccess Datei.

Die URL Ihres Beitrages würde nun lauten statt blog/?p=123

/blog/2008/05/08/reisebericht-italien-rom/

Diese sprechende URL sieht schon sehr viel besser aus als die URL mit "?", "p", "=" und "123". Allerdings brauchen Sie die Datumsangabe im Verzeichnis (/2008/05/08/) auch nicht wirklich.

---

[27] .htaccess-Dateien sind Server-Konfigurationsdateien für Verzeichnisse, die zu Ihrem Web-Angebot gehören. Vgl.
http://de.selfhtml.org/servercgi/server/htaccess.htm
[28] "chmod" ist ein Kommandozeilenprogramm unter Unix, mit dem sich die klassischen Unix-Dateiattribute (Zugriffsrechte) verändern lassen. Vgl. http://de.wikipedia.org/wiki/Chmod

Die optimale statische URL erhalten Sie, wenn Sie anklicken bei "Custom, specify below" und dann eintragen im Feld bei "Custom structure:"

/%postname%/

Wenn Sie nun auf "Update permalink structure" klicken, dann erhalten Sie folgende URL:

/blog/reisebericht-italien-rom/

2. Den Wordpress Titel Tag ändern

Wenn Wordpress neu installiert ist, dann steht im Template "Header" standardmäßig folgender Eintrag beim Titel:

<title><?php bloginfo('name'); ?> <?php if (is_single()) { ?> » Blog Archive <?php } ?> <?php wp_title(); ?></title>

In der Onlineversion würde dann im Titel eines Beitrages stehen:

Blog >> Blog Archive >> Reisebericht Italien Rom

So ist der Titel noch nicht ganz optimal. Besser wäre es, wenn der Beitragstitel weiter vorne stehen würde. "Blog Archive" ist überflüssig, weil das unnötig Platz wegnimmt. Editieren Sie daher das Template "Header" wie folgt:

- Klicken Sie im Wordpress-Menu auf: "Presentation" und dann auf "Theme editor". Dann klicken Sie in der rechten Spalte auf "Header".

Suchen Sie:

```
<title><?php bloginfo('name'); ?> <?php if ( is_single() ) { ?>
&raquo; Blog Archive <?php } ?> <?php wp_title();
?></title>
```

und ersetzen Sie den Titel durch:

```
<title><?php bloginfo('name'); ?><?php if ( is_single() ) {
?><?php } ?><?php wp_title(); ?></title>
```

In der Onlineversion im Titel eines Beitrages erscheint nun:

Blog >> Reisebericht Italien Rom

3. Der Einsatz von Tags

In den neueren Versionen von Wordpress (ab Version 2.3) haben Sie die Möglichkeit, Ihre Beiträge durch sog. Tags (Suchwörter) zu verschlagworten. Sie können für jeden einzelnen Bericht Ihres Blogs Suchbegriffe eingeben, die für den Inhalt des Artikels relevant sind. Die "Tags" erscheinen dann unterhalb des jeweiligen Artikels in einer Stichwortliste. Wenn ein User nun auf einen einzelnen Tag klickt, dann erscheint eine Liste mit allen Beiträgen, die ebenfalls mit dem jeweiligen Tag (z.B. "Reisen") gekennzeichnet sind. Die Suchergebnisliste erscheint in Form einer extra Seite, deren Inhalt auch von Suchmaschinen verfolgt wird.

In der Sidebar, also der linken oder rechten Navigationsspalte Ihres Blogs, können sie zusätzlich eine "Tagcloud" (zu dt. "Tagwolke") integrieren. Die ist eine Auslistung der am häufigsten in Ihrem Blog vorkommenden Tags. Je häufiger ein Tag vorkommt, desto größer wird in der Tagcloud hierbei die Schrift.

Sie können eine Tagwolke wie folgt in Ihrem Blog einbinden: Klicken Sie im Wordpressmenu auf "Presentation" und dann auf "Theme editor". Danach auf "Editing sidebar.php". Hier fügen Sie an geeigneter Stelle, also dort wo später die Tagcloud erscheinen soll, folgenden Code ein:

```
<?php wp_tag_cloud('smallest=8&largest=12&number=10');
?>
```

Nachdem Sie nun jeden Ihrer Blogeinträge mit Tags versehen haben, werden dann in der Tagwolke die Zehn häufigsten Tags angezeigt. Bei Bedarf können Sie die Anzahl der angezeigten Tags später erhöhen, indem Sie den Wert bei "number" ändern. Wenn Ihr Blog noch neu ist, also nur wenige Beiträge aufweisen kann, dann sollten Sie mit der Anzahl der Tags sparsam umgehen. Geben Sie pro verfasstem Artikel maximal zwei bis drei relevante Tags ein. Wenn Sie anfangs zu viele Tags vergeben und wenig Inhalt haben, dann könnte das von den Suchmaschinen als "Doppelter Inhalt" ("Duplicate Content") gewertet werden.

Nachdem Sie nun in Ihrem Blog die grundlegenden Optimierungen durchgeführt haben, also

- Statische URLs,
- Anpassung des Titels,
- Verwendung von Tags,

können Sie loslegen mit dem bloggen, es fehlt nur noch an Inhalt.

4. Blog-Verzeichnisse

Nachdem Sie in Ihrem Blog über genügend Beiträge verfügen, können Sie den Bekanntheitsgrad steigern durch den Eintrag in Blog-Verzeichnissen. Hierunter versteht man Webkataloge, die in ihrem Datenbestand ausschließlich Blogs aufnehmen.

Beispiele für Blog-Verzeichnisse:

- http://www.blogeintrag.de
- http://www.blogcatalog.com
- http://www.bloggerei.de

5. Web 2.0 News Dienste

Im Zeitalter des "Mitmach-Internets" Web 2.0 gibt es auch einige neue Communities, um Nachrichten zu verbreiten, zu kommentieren und zu bewerten.

Die Nutzer dieser Web 2.0 Plattformen stellen Links zu einzelnen Beiträgen von Nachrichtenseiten, Videos - oder auch Beiträge aus Weblogs - mit einem kurzen Beschreibungstext in die News Community ein. Die anderen Nutzer der Community haben dann die Möglichkeit die eingereichten Beiträge zu bewerten und zu kommentieren. Besonders gut bewertete Artikel erscheinen dann für eine gewisse Zeit auf der Übersichtsseite der jeweiligen Rubriken oder sogar auf der Startseite des Portals. Zusätzlich können die eingereichten Beiträge mit Stichwörtern ("Tags") versehen werden, wodurch die Suche nach Artikeln mit ähnlichem Thema erleichtert wird. Einzelne Beiträge aus Ihrem Blog können Sie eintragen in Web 2.0 News Communities, wie z.B.

http://www.justbehot.de
http://digg.com
http://www.webnews.de
http://del.icio.us
http://www.yigg.de

Die Eintragung Ihrer einzelnen Blog-Themen in die News Communities kann Ihnen zusätzlichen Traffic für Ihrem Blog bringen und außerdem werden die Links in der Regel auch von Suchmaschinen verfolgt.

Hier noch einige Hinweise zur effizienten Nutzung der Web 2.0 News Communities:

- Tragen Sie täglich nicht zu viele Beiträge aus Ihrem eigenen Blog ein. Täglich ein bis zwei lesenswerte Beiträge sollten reichen. Wenn Sie immer nur Beiträge aus Ihrem eigenen Blog einreichen, wird das von der Community als Spam wahrgenommen.

- Neben Beiträgen aus Ihrem eigenen Blog sollten Sie zusätzlich auch auf andere nützliche News im Internet oder Videos verweisen.

- Bewerten und kommentieren Sie die Beiträge der anderen Nutzer. Somit werden Sie als User in der Community bekannt und die anderen Nutzer werden dann auch Ihre Beiträge bewerten und kommentieren.

8. Die 10 wichtigsten Seo-Tipps

Zum Schluss des Buches hier die wichtigsten Tipps zur Suchmaschinen-Optimierung im Überblick:

1. Suchbegriffe im Namen der Domain, Unterverzeichnissen und Dateinamen verwenden.

2. In jeder einzelnen Seite Ihrer Homepage sollten im Titel die wichtigsten Keywords stehen.

3. Verwenden Sie bei Bildern den Alt-Tag.

4. Verwenden Sie statische HTML-Seiten.

5. Heben Sie Suchbegriffe durch Überschriften und Markierung in Fettschrift hervor.

6. Ausgeprägte interne Linkstruktur, die wichtigsten Seiten sollten von der Hauptseite und jeder Unterseite aus erreichbar sein. Wenn nötig verwenden Sie eine Sitemap.

7. Aktualisieren Sie die Inhalte Ihrer Homepage regelmäßig.

8. Sorgen Sie für eine ausreichend hohe Keyworddichte.

9. Content is the king! Fügen Sie Ihrer Homepage regelmäßig neue Inhalte und Unterseiten hinzu.

10. Sorgen Sie dafür, dass Ihre Homepage themenrelevante Backlinks von anderen Webseiten erhält. Im Linktext sollten, wenn möglich, Suchbegriffe untergebracht sein.

Literaturverzeichnis

Bücher:

Axel Bänsch
Käuferverhalten, München, 2002

Günter Born
HTML - Alles zur führenden Websprache, München, 2000

Deutscher Direktmarketing Verband e.V.
Suchmaschinenmarketing, Start in den Dialog,
Wiesbaden, 2004

Sebastian Erlhofer
Suchmaschinen-Optimierung für Webentwickler, Bonn,
2007

Stefan Fischerländer
in Tobias Hauser / Christian Wenz, Web Publishing, München, 2002

John Hagel III, Arthur G. Amstrong
Netgain, Profit im Netz, Boston, 1999

Ingo Hamm
Internet-Werbung - Von der strategischen Konzeption zum erfolgreichen Auftritt, Stuttgart, 2000

Tobias Hauser, Christian Wenz
Web Publishing, München, 2002

Stefan Heijnk
a) Besser texten, mehr verkaufen auf Corporate Sites, Göttingen, 2003

b) Texten fürs Web, Heidelberg 2002

Felix Holzapfel
Guerilla Marketing - Online, Mobile & Crossmedia, Köln, 2006

Kristian Köhntopp
in Martin Rost (Hrsg.), Die Netz-Revolution. Auf dem Weg in die Weltgesellschaft, Frankfurt a.m., 1996

Rainer Kolbeck
Erfolgreiche Internetsuche, Haar bei München, 1998

Philip Kotler, Friedhelm Bliemel
Marketing-Management, 9. Auflage, Stuttgart, 1999

Oliver Lehmann, Antje Lehmann
Top-Platzierungen in Suchmaschinen, München, 2002

Jay Conrad Levinson, Charles Rubin
Guerilla Marketing im Internet, St. Gallen / Zürich 1999

Adolf E. Luger, Hans-Georg Geisbüsch, Jürgen M. Neumann
Allgemeine Betriebswirtschaftslehre, Band 2: Funktionsbereiche des betrieblichen Ablaufs, 3. Auflage, München, 1991

Friedemann Mattern (Hrsg.), acatech diskutiert
Wie arbeiten die Suchmaschinen von morgen? Stuttgart, 2008

Stefan Münz
Professionelle Websites, München, 2005

Robert Nieschlag, Erwin Dichtl, Hans Hörschgen:
Marketing, 17. Auflage, Berlin, 1994

Helmut Schmalen
Grundlagen und Probleme der Betriebswirtschaft, 10. Auflage, Köln, 1996

Jochen Schwarze
Einführung in die Wirtschaftsinformatik, 3. Auflage, Berlin, 1994

Andre Spallek, Marcos Kreinacke
Suchmaschinen - Gezielt recherchieren im Internet, München, 2000

Markus Stolpmann
Online-Marketingmix - Kunden finden, Kunden binden im E-Business, 2. Auflage, Bonn, 2001

Volker Trommsdorff
Konsumentenverhalten, Stuttgart, 2002

Andreas Voss, Christian Raabe
Das große Data Becker Computer Lexikon, Berlin, 1997

Volker Walter
Die Zukunft des Online-Marketing, 2. Auflage, Mering, 2000

Andreas Werner
Site Promotion (R) - Werbung auf dem WWW, 2. Auflage, Heidelberg, 2000

John Westwood
Marketingplan, London, 1998

Fachmagazine & Zeitungen

DIE WELT
Yahoo! führt die Speerspitze der Internet-Werte wieder an, in DIE WELT,
Ausgabe 14. Januar 2003, S. 21

Stefan Fischerländer
a) Mehr Erfolg mit Ihrer Webseite, in Internet World, Ausgabe Februar 2003, S. 53
b) Top-Ranking in Google & Co., in Internet World, Ausgabe Oktober 2002, S. 58

Internet Intern
Top-Platzierungen bei Google, Ausgabe Dezember 2007, S. 45-48

Internet Professionell
Fit für Google, Ausgabe Januar 2006, S.21, 74

Thomas Kuhn
a) Heute schon gegoogelt? Wie die beste Internet-Suchmaschine der Welt funktioniert, Artikel in der Wirtschaftswoche, Ausgabe vom 09.01.2003, S. 37
b) Besser als das Orakel, Interview mit der Google-Forschungschefin Monika Henzinger in der Wirtschaftswoche vom 09.01.2003, S. 42

Klaus Madzia
Yahoo! Wie man mit dem Internet zum Milliardär wird, in Tomorrow Internet-Illustrierte, Ausgabe Mai 1999, S. 33

Tomorrow
Die besten Google Alternativen, Ausgabe November 2007, S. 22-27

Platz für Notizen

Platz für Notizen